Das Buch

»Wer die Wahrheit nicht weiß, der ist bloß ein Dummkopf. Wer die Wahrheit kennt und sie eine Lüge nennt, der ist ein Verbrecher«, hieß es bei Brecht. Ralph Hartmann nennt die Unwahrheit Lüge und ihre Urheber beim Namen. Seit dem Untergang der DDR wird hinsichtlich ihrer Beschaffenheit die Wahrheit gebogen, dass sich mehr als nur die Balken biegen. Je tiefer aktuell der deutsche Karren im Krisensumpf sinkt, desto unverfrorener und lauter wird gelogen, geschmäht und diffamiert. Hartmann hat sich jene zehn Themen vorgenommen, auf die sich die Geschichtsklitterer besonders gern kaprizieren: Ihr Wahnsinn hat ganz offenkundig Methode.

Der Autor

Ralph Hartmann, Jahrgang 1935, war von 1961 bis 1988 im Auswärtigen Dienst der DDR tätig, zuletzt als Botschafter in Jugoslawien und Doyen des Corps Diplomatique in Belgrad. 1988 bis 1990 leitete er den Sektor Sozialistische Länder in der Abteilung Internationale Verbindungen des ZK der SED. 1991 bis 1994 war Hartmann wissenschaftlicher Mitarbeiter des Bundestagsabgeordneten Hans Modrow in Bonn.
Seit 1995 ist er publizistisch tätig, in der edition ost erschienen »Die Liquidatoren. Der Reichskommissar und das wiedergewonnene Vaterland« (2008) und »DDR-Legenden« (2009). Seit 2001 schreibt Ralph Hartmann für die Zweiwochenschrift »Ossietzky«.

Ralph Hartmann

Die DDR
unterm Lügenberg

Ein Report

edition ost

Inhalt

*Die Ereignisse des 9. November 1989 empfanden zahlreiche
Zeitgenossen als die unerwartete Morgenröte der Freiheit
nach einer langen durchlittenen Nacht der Gewalt und
Unterdrückung durch ein totalitäres System,
das letztlich auf einen Nihilismus,
auf eine Entleerung der Seelen, hinauslief.* [1]

Papst Benedikt XVI.
in einer Rede in der Sixtinischen Kapelle
anlässlich des 60. Jahrestages der BRD
und des 20. Jahrestages des Mauerfalls,
4. Dezember 2009

*Erzählen die jetzigen Machthaber den alten Eingeborenen
doch Dinge aus ihrer vierzig Jahre im Kral
verbrachten Biographie, die die lieben Eingeborenen,
um des lieben Friedens willen,
beginnen wider bessres Wissen selbst zu glauben …
Das machen sie im Namen Deutschlands, auf Kosten der
deutschen Nation, und spielen dabei ein so schlechtes Theater,
dass man einsehen möchte, warum sie das echte Theater
abschaffen wollen.
Es gibt Zeiten, in denen die Lügenkrankheit,
die immer herrscht, in vollster Blüte steht.* [2]

Eberhard Esche
in: Wer sich grün macht, den fressen die Ziegen

Die Lügenkrankheit

Die Lügenkrankheit geht um, den Lügen selbst aber geht
es sauwohl. Im ganzen Land haben sie sich häuslich eingerichtet, vollgefressen rülpsen sie, wo sie gehen und stehen:
»zweite deutsche Diktatur«, »Unrechtsstaat«, »SED-Unrechtsregime«, »Mauerstaat«, »Ulbricht-Diktatur«, »Hon-
ecker-Diktatur«, »Stasifolter«, Erziehungsdiktatur«, »marode
Wirtschaft«, »Staatsdoping«, »verordneter Antifaschismus«.
Ganze Heerscharen von Vielfraßen sind aufmarschiert und
beteiligen sich am Lügenschmaus. Allen voran Spitzenleute
der Parteien von Schwarz bis Rosa-Rot, bewährte Amts-
und Würdenträger sowie Journalisten und Kommentatoren
in den Redaktionsstuben von Print- und elektronischen
Medien von Frankfurt am Main bis Berlin, von München
bis Hamburg. Aber auch Historiker vom Schlage eines
Arnulf Baring fressen gierig mit. Und nicht zu vergessen die
Berufs-»DDR-Aufarbeiter« und ihre steuerfressenden Ein-
richtungen wie etwa die »Stiftung zur Aufarbeitung der
SED-Diktatur«, die »Vereinigung ›Gegen Vergessen – Für
Demokratie‹«, das »Zeitgeschichtliche Forum Leipzig«, die
»Gedenkstätte Hohenschönhausen«, die »Bundesbeauf-
tragte für die Unterlagen des Staatssicherheitsdienstes der
DDR«, ihr hochbezahltes Personal und ihre Hunderte von
Dependancen in allen Landesteilen …
   Warum lassen sie den verblichenen Staat nicht in Frie-
den ruhen, machen sie den Lügen- zum Dauerleichen-
schmaus? Warum lassen sie sich ihn Jahr für Jahr Millionen
und Abermillionen kosten? Allein die Gauck-Birthler-Be-
hörde mit ihren 2.205 Beschäftigten und den Filialen in
Berlin, Chemnitz, Dresden, Erfurt, Frankfurt/O., Gera,
Halle, Leipzig, Magdeburg, Neubrandenburg, Potsdam,

Rostock, Schwerin und Suhl verschlingen jährlich mehr als 100 Millionen Euro. Offenkundig haben sie noch immer Angst vor der Idee, die dem untergegangenen Staat zugrunde lag, vor der Anziehungskraft einer Gesellschaft, in der soziale Sicherheit, Gerechtigkeit und Solidarität keine Fremdworte waren. »Sie fürchten«, so Rechtsanwalt Friedrich Wolff in einer Rede zum 55. Jahrestag der Gründung der DDR, »dass das Ende der Geschichte doch nicht gekommen ist, dass der Sozialismus wiederkommt. [...] Wäre der Sozialismus wirklich gescheitert, würde nicht so viel Kraft, Geld und Personal darauf verwendet werden, ihn ›aufzuarbeiten‹, d. h. tot zu reden. Es gilt, die sozialistische Idee als widerlegt auszugeben, um sie unschädlich zu machen.«[3]

Natürlich war die DDR nicht das ersehnte Land Utopia, in dem nur Milch und Honig flossen und alle Ideale deutscher Humanisten, Sozialisten und Kommunisten verwirklicht waren. Anderenfalls wäre sie nicht so schnell untergegangen, auch nicht nach dem Verrat des sowjetischen ›großen Bruders‹, als die »feste Verankerung in der sozialistischen Staatengemeinschaft«, eine vielgepriesene grundlegende Existenzbedingung für den kleineren Staat auf deutschem Boden, zerbrach und sich als eine Schimäre erwies. Die DDR war ein Teil dieser Gemeinschaft. Als deren führende Kraft, die Sowjetunion, nach der verhängnisvollen Stagnation unter Breshnew in den heillosen Wirrwarr der Gorbatschowschen Perestrojka geriet, zerbrach dieses politische, ökonomische und militärische Bündnis.

Selbst wenn die DDR ein lupenreiner sozialistischer Staat ohne Fehl und Tadel gewesen wäre, wäre sie mit 16 Millionen Einwohnern, dem relativ kleinen Territorium und dem begrenzten wirtschaftlichen Potenzial allein unter den gegebenen Bedingungen nicht lebensfähig gewesen. Noch dazu umgeben von Ländern, in denen das Kapital im Westen regierte und im Osten seine Macht restaurierte, vor allem aber in Nachbarschaft zur BRD, deren herrschende

Kreise ihre Anstrengungen vervielfacht hätten, um den zweiten deutschen Staat mit Wirtschaftskrieg, Technologieembargo, politischer Erpressung und nationalistischer Propaganda zu beseitigen. Als einsame sozialistische Insel inmitten eines kapitalistischen Europas hätte die DDR nicht überleben können.

Untergegangen ist die DDR auch wegen ihrer eigenen Fehler, Irrwege, Versäumnisse und Deformationen, vor allem an zwei eng miteinander verflochtenen, sich gegenseitig beeinflussenden Grundübeln: an der Unfähigkeit, wahrhaft sozialistische Gesellschaftsverhältnisse bei der Verfügung über das vergesellschaftete Eigentum zu schaffen sowie an unterentwickelter Demokratie. Es war nicht gelungen, das Eigentum an Produktionsmitteln so schöpferisch und nutzbringen einzusetzen, dass sich die Arbeiter und Angestellten als wahrhafte Eigentümer fühlten und allein schon deshalb effektiver arbeiteten als die sogenannten Arbeitnehmer unter den Zwängen der kapitalistischen Profitwirtschaft. Oder anders gesagt: Die sowjetische Besatzungsmacht und die deutschen Kommunisten und Sozialisten hatten die Großbourgeoisie, die Krupps, enteignet und die Arbeiter und Angestellten, die Krauses, zu Eigentümern erklärt, ihnen aber keine Verfügungsgewalt über die Produktion, das neue Eigentum, gewährt. Diese blieb in den Händen der Partei und ihrer Spitze. So sahen die Krauses letztlich keinen wesentlichen Unterschied, ob sie nun unter den Krupps oder unter ZK-Wirtschaftssekretär Günter Mittag arbeiteten. Statt das Volkseigentum gegen die konterrevolutionäre Treuhand zu verteidigen, ließen sie sich nahezu widerstandslos enteignen und schrien danach händeringend nach kapitalistischen Privatisierern, um wenigstens ihren Arbeitsplatz zu retten.

Mit der Demokratie war es nicht viel anders. Die Macht der Kapitalisten und Großgrundbesitzer wurde gebrochen, aber die Herrschaft ging sukzessive an die Mächtigen in Partei und Staat über. Statt tatsächlicher Volksdemokratie entstand ein System, das am Ende mehr Ähnlichkeit mit einer aufgeklärten Monarchie denn mit einer wirklich freien Republik der Bürger hatte. Zaghafte Versuche, umfassende demokratische Strukturen und Mechanismen zu entwickeln und Sozialismus und Demokratie dauerhaft miteinander zu verbinden, schlugen fehl. Diese »Schiefheiten« (Rosa Luxemburg), das Fehlen demokratischer Schutzmechanismen gegen Unfähigkeit und Ignoranz, Lebensferne und Arroganz der Macht unterhöhlten das Gefüge von Staat und Gesellschaft und ließen es letztlich unter dem Druck des starken politischen Gegners wie ein Kartenhaus zusammenbrechen.

Trotz alledem bleibt es eine geschichtliche Tatsache, dass die DDR aufgrund ihrer wirtschaftlichen, sozialen und kulturellen Leistungen, ihrer verlässlichen Friedenspolitik und Mitwirkung an der Gestaltung des europäischen Vertragswerkes der 70er Jahre, an der Eindämmung internationaler Spannungen und der Abrüstungsbemühungen weit über Europas Grenzen hinaus Sympathien und Ansehen erwarb. Mehr noch: Hinsichtlich verwirklichter sozialer Grundrechte, des Rechts auf Arbeit und soziale Sicherheit, Bildung und berufliche Ausbildung, Wohnraum und Gesundheitsfürsorge, Gleichberechtigung der Frau, des Rechtes auf ein Leben in Frieden und Sicherheit nahm sie im Vergleich zu den Staaten der Erde einen vorderen Platz ein.

Immerhin meinten schon 1992 zwischen 70 und 80 Prozent befragter Ostdeutscher, dass die sozialen Leistungen in der DDR in vielem besser als jene in der Bundesrepublik gewesen seien und es verdient hätten, in die Bundesrepublik übernommen zu werden. Drei Jahre später war das Ergebnis noch aufschlussreicher. Eine überwiegende Mehrheit der Ostdeutschen hielt die DDR auf sieben von neun Gebieten – bei der Gewährleistung von sozialer Sicherheit und der Gleichberechtigung der Frau, in der Schulbildung, Berufsausbildung und im Gesundheitswesen, bei der Versorgung mit Wohnungen und beim Schutz vor Verbrechen – für überlegen. Mit großem Abstand unterlegen war sie dagegen im Hinblick auf die Entwicklung von Wissenschaft und Technik sowie auf den materiellen Lebensstandard. Nach Kultur und Sport wurde nicht gefragt. 79 Prozent hielten die Idee des Sozialismus für gut, 89 Prozent schätzten ein, dass der Zusammenhalt der Menschen untereinander stärker war als in der Bundesrepublik. Nahezu 100 Prozent der Ostdeutschen äußerten die Überzeugung, dass über das Leben in der DDR nur der urteilen kann, der selbst dort gelebt hat. Neuere Umfragen bestätigen diese Einschätzungen, so dass selbst der Ober-DDR-Unrechtsstaats-Aufklärer Hubertus Knabe einschätzte: »Mit dem wachsenden zeitlichen Abstand zur Friedlichen Revolution im Herbst 1989 hat sich das Bild der SED-Diktatur zunehmend verklärt.«[4]

Der Ex-Pfarrer und Mitbegründer der Sozialdemokratischen Partei der DDR (SDP) Markus Meckel ist nicht zornig, sondern entsetzt. Ausgerechnet »im 20. Jahr der Wiedervereinigung« wurde in einer *Emnid*-Umfrage festgestellt, dass sich 80 Prozent der Ostdeutschen vorstellen können, in einem sozialistischen Staat zu leben, solange für Arbeitsplätze, Solidarität und Sicherheit gesorgt wäre. In diesen und anderen *Emnid*-Ergebnissen sieht Meckel, inzwischen Vorsitzender der Bundesstiftung zur Aufarbeitung der SED-Diktatur, »einen Trend zur Verharmlosung und Glorifizierung der DDR«.[5]

Diese als »Verklärung«, »Ostalgie« und nun gar als »Glorifizierung« diffamierte Erinnerung an die DDR fürchten die heute in ganz Deutschland Herrschenden. Sie möchten sie auslöschen, damit ihr kapitalistisches System, das sie »soziale Marktwirtschaft« nennen, ewig währt und der Profit immer weiter wächst.

*Der immer wieder herangezogene plumpe Vergleich
beider deutscher Diktaturen, der die Unterschiede verwischt
und indirekt die NS-Verbrechen relativiert,
bedient mehr tagespolitische Interessen
im politischen Meinungskampf,
als dass er die wissenschaftliche Erkenntnis befördert.*

Clemens Vollnhals, Jürgen Weber (Hrsg.),
in: Der Schein der Normalität, München 2002

Lüge Nr. 1
Die zwei Diktaturen in Deutschland

Die Gleichsetzung des Hitlerstaates und der DDR ist so alt wie die Bundesrepublik selbst. Sie zieht sich wie ein roter Faden durch die lange Geschichte der Verunglimpfung des ostdeutschen Staates. Kein Geringerer als Konrad Adenauer war es, der 1950 auf dem CDU-Parteitag in Goslar erklärte: »Ich wollte, die Bewohner der Ostzonen-Republik könnten einmal offen schildern, wie es bei ihnen aussieht. Unsere Leute würden hören, dass der Druck, den der Nationalsozialismus durch Gestapo, durch Konzentrationslager, durch Verurteilungen ausgeübt hat, mäßig war gegenüber dem, was jetzt in der Ostzone geschieht.«[6]

Nahezu sechs Jahrzehnte später hat sich an dieser Sicht der Antikommunisten wenig oder gar nichts verändert. In der deutschen Ausgabe des Schwarzbuches gegen den Kommunismus sind unter der Überschrift »Die Aufarbeitung des Sozialismus in der DDR« zwei Artikel aus der Feder des früheren Bundesbeauftragten für die MfS-Unterlagen, Joachim Gauck, und seines Mitarbeiters Ehrhart Neubert veröffentlicht. Ganz im Sinne Adenauers zielt der Neubertsche Aufsatz auf den Nachweis ab, dass es in der DDR nichts gegeben habe, was nicht dem Machtgelüst der Regierenden entsprang und nicht auf Unrecht, Gewalt und Verbrechen zu reduzieren wäre, und dass die DDR die schlimmere der »beiden Diktaturen« gewesen sei.[7]

Gemeinsam ist dem in der Mitte und dann am Ausgang des Jahrhunderts gefällten Urteil die Dämonisierung und die Kriminalisierung der DDR. Deren faktische Gleichsetzung mit dem in der Menschheitsgeschichte einmaligen Terrorregime der Nazi-Diktatur ist jedoch nicht die Geistesfrucht einiger verbohrter Antikommunisten und DDR-Hasser oder »irrender« Geschichtsprofessoren. Sie gehört zum Gedankengut der Herrschenden und Regierenden. Deren Justizminister, Klaus Kinkel, fasste sie seinerzeit in die inzwischen sehr bekannten und aufschlussreiche Worte: »Ich baue auf die deutsche Justiz. Es muss gelingen, das SED-System zu delegitimieren, das bis zum bitteren Ende seine Rechtfertigung aus antifaschistischer Gesinnung, angeblich höheren Werten und behaupteter absoluter Humanität hergeleitet hat, während es unter dem Deckmantel des Marxismus-Leninismus einen Staat aufbaute, der in weiten Bereichen genauso unmenschlich und schrecklich war wie das faschistische Deutschland.«[8]

Die Gleichsetzung ist Bestandteil eines offiziellen Dokumentes des Bundestages selbst. Laut Drucksache 13/11000 nahm das Parlament am 17. Juni 1998 den Schlussbericht der Enquête-Kommission »Überwindung der Folgen der SED-Diktatur im Prozess der deutschen Einheit« zur Kenntnis. Unter Vorsitz von Rainer Eppelmann erklärten die Kommissionsmitglieder aus den Fraktionen von Union, FDP, SPD und von Bündnis 90/Die Grünen im Abschnitt VI unter der Überschrift »Gesamtdeutsche Formen der Erinnerung an die beiden deutschen Diktaturen«: »Am Ende des 20. Jahrhunderts müssen die Deutschen mit der Erinnerung an zwei deutsche Diktaturen und ihre Opfer leben. Die Notwendigkeit von Aufarbeitung und Erinnerung an die beiden Diktaturen ist heute Teil des demokratischen Selbstverständnisses im vereinten Deutschland. Die Erinnerung an die beiden Diktaturen, die die Feindschaft gegen Demokratie und Rechtsstaat verbunden hat, schärft das Bewusstsein für den Wert von Freiheit, Recht und Demokratie.

Dies, wie die notwendige Aufklärung über die Geschichte der beiden Diktaturen, ist der Kern des antitotalitären

Konsenses und der demokratischen Erinnerungskultur der Deutschen.«

Diese »Erinnerungskultur« wird eifrig gepflegt, neben anderen auch von Hubertus Knabe, Leiter einer »Gedenkstätte« in Berlin-Hohenschönhausen, der sich im Ausschuss für Kultur und Medien des Bundestages dafür aussprach, alles dafür zu tun, dass die »beiden Diktaturen« in Deutschland aufgeklärt würden. Wie das geschehen solle, sagte er auch. »Man kann die Opfer nicht gegeneinander aufrechnen, sondern man muss sie selbstverständlich addieren. Daraus ergibt sich das ganze Grauen dieser Zeit.«[9]

Bekanntlich fielen der Schreckensherrschaft des Hitlerfaschismus durch Massenrepressalien, Eroberungskriege und industrielle Menschenvernichtung etwa 60 Millionen Frauen, Männer und Kinder zum Opfer. Der Historiker, der dieses nazistische Grauen so bagatellisiert und relativiert, darf auf Staatskosten eine Einrichtung leiten, in der jährlich etwa 150.000 Menschen, vor allem herbeigekarrte Schüler und Studenten, über die Schrecken der DDR-Diktatur aufgeklärt werden. Warum auch nicht, ist doch die Gleichstellung »der zwei Diktaturen in Deutschland« in der BRD quasi Staatsdoktrin.

Niemand bestreitet, dass es in der DDR Demokratiedefizite gab, erzwungene und unverzeihliche Beschränkungen. Auch die erzwungenen waren bedauerlich, aber leider unvermeidlich – angesichts eines überaus starken politischen Gegners, der nichts unversucht ließ, den Aufbau einer neuen, einer sozialistischen Gesellschaft im Osten Deutschlands zu verhindern, der DDR durch ökonomische Blockaden und Sanktionen, gezielte Abwerbung von Facharbeitern, Hochschulabsolventen, Ärzten und anderen Spezialisten, Diversion und Propaganda Schaden zuzufügen, ihr die Gurgel zuzudrehen. Das Ziel wurde schon frühzeitig formuliert, unter vielen anderen von BRD-Außenminister Heinrich von Brentano, der zu Beginn der 50er Jahre unmissverständlich erklärte: »Wir werden alles und das Letzte unternehmen, ich sage ausdrücklich: alles und das Letzte, um die sowjetische Besatzungszone wieder zurückzuholen.«[10] Die Erfüllung dieses Herzenswunsches blieb den Herrschenden in der Bundesrepublik lange Zeit versagt, aufgegeben hatten sie ihn nie. Es wäre lebensfremd, ja selbstmörderisch gewesen, unter diesen Bedingungen permanenter Lebensgefahr eine lupenreine Demokratie anzustreben und damit all jenen ein freies Betätigungsfeld zu gewähren, die die DDR beseitigen und den Kapitalismus restaurieren wollten.

Nebenbei bemerkt: In der Bundesrepublik ist es, wenn auch unter umgekehrten Vorzeichen, nicht viel anders. Wer das kapitalistische System der Ausbeutung des Menschen durch den Menschen abschaffen will, der wird vom demokratischen Verfassungsschutz beobachtet, unterwandert und notfalls, wenn die Lage es erfordert, verfolgt, verhaftet und eingesperrt. Die nach dem KPD-Verbot 1956 von Ermittlungsverfahren betroffenen rund 500.000 Bürgerinnen und Bürger und die mindestens 10.000 zu zum Teil hohen Gefängnisstrafen verurteilten Andersdenkenden, Kommunisten, Pazifisten, Gewerkschafter können davon ein gar garstig Lied singen. Bis zum heutigen Tage sind sie nicht rehabilitiert und schon gar nicht entschädigt worden.

Nicht zu vergessen die Berufsverbote in den 70er und 80er Jahren, die fortgesetzte Gesinnungsschnüffelei und Gewissensprüfungen.

Unverzeihlich waren vor allem die Demokratiedefizite im Wahlsystem, die sich in der faktischen Beseitigung des Mehrparteien-Verhältniswahlrechtes äußerten. Die sozialistische Gesellschaftsordnung hätte keinen Schaden genommen, wenn statt der Einheitslisten der Nationalen Front gleichberechtigte, miteinander konkurrierende Parteien zur Wahl gestanden hätten, die allerdings per Verfassungsgrundsatz ohne Ausnahme verpflichtet gewesen wären, die sozialistischen Gesellschaftsgrundlagen anzuerkennen und zu schützen. Dabei wäre es durchaus möglich gewesen, Versuche jeglicher Art, ausbeuterische kapitalistische Gesellschaftsverhältnisse zu restaurieren, unter Strafe zu stellen. Bedauerlicherweise wurde eine solche grundlegende Demokratisierung nicht einmal ansatzweise versucht. Stattdessen wurde die führende Rolle der SED in Art. 1 der Verfassung festgeschrieben, was eine fruchtbare, pluralistische und natürlich auch kontroverse Diskussion über den besten Weg zur Entwicklung einer sozialistischen Gesellschaft verhinderte und die immer Recht habende Partei und die Partei- und Staatsführung an der Spitze mit dem allwissenden SED-Generalsekretär letztlich zu Götzen machte, die die gesellschaftliche Wirklichkeit zunehmend ignorierten, bis sie schließlich vom Sockel stürzten.

Im Unterschied zur Verfassung der DDR wird in Art. 20 des Grundgesetzes der Bundesrepublik postuliert: »Alle Staatsgewalt geht vom Volke aus«, aber, und so wird aus gutem Grund gefragt: »Wo geht sie hin?« Alle vier, fünf Jahre dürfen die Bürger ihre Kreuze auf den Wahlzetteln machen. Die übermächtigen »freien Medien«, die Benachteiligung kleiner Parteien, die großzügigen Parteispenden der Reichen und Superreichen sorgen dafür, dass die Mehrheit der Stimmen an die Parteien fällt, die das System nicht infrage stellen, die sich vor der Wahl lautstark Konkurrenz, danach gemeinsame Sache und häufig das Gegenteil von dem machen, was sie im Schaulaufen davor feierlich versprochen hatten.

So klaffen die Meinungsmehrheit des Volkes und die Mehrheitsbeschlüsse der Volksvertreter immer weiter auseinander, was sich u. a. bei den Hartz-Gesetzen, der Einführung der Rente ab 67, bei den sogenannten Gesundheitsreformen sowie bei der Fortsetzung des Krieges in Afghanistan besonders deutlich zeigte. So ist es kein Wunder, wenn die Bürger am Wahltag immer weniger Lust am Zettelfalten zeigen und die Zahl der Nichtwähler und die allgemeine Unzufriedenheit mit dem Zustand der Demokratie in Deutschland wachsen. Laut einer *Forsa*-Umfrage von Ende 2006 glauben 82 Prozent der Bundesbürger, dass die Politiker »auf die Interessen des Volkes keine Rücksicht« nehmen.

In Ostdeutschland beträgt dieser Anteil sogar 90 Prozent.

Mit dem politischen System, wie es im Grundgesetz festgelegt ist, waren jener Umfrage zufolge 36 Prozent der Deutschen unzufrieden, mit dem tatsächlichen Funktionieren des Systems 61 Prozent. In Ostdeutschland war sogar eine Mehrheit von 51 Prozent mit dem politischen System unzufrieden, 79 Prozent mit dessen Funktionieren. Vier von fünf Bürgern traten für die Einführung von Volksbegehren und Volksentscheiden ein, die in der Verfassung der Bundesrepublik zwar generell vorgesehen sind, aber durch die Verweigerungshaltung der Regierenden in der Bundespolitik nicht durchgeführt werden.

In der »diktatorischen« DDR wurde 1968 die Verfassung per Volksentscheid von 94,5 Prozent der stimmberechtigten Bürger angenommen. Dieses moderne, in einer jedermann verständlichen Sprache abgefasste Arbeitsgesetzbuch wurde erst nach monatelanger öffentlicher, kontroverser Diskussion und Behandlung auf einem Gewerkschaftskongress sowie Einarbeitung von Hunderten von Abänderungsvorschlägen verabschiedet.

In der »demokratischen« Bundesrepublik wurde das Grundgesetz auf Geheiß der Besatzungsmächte und auf außerparlamentarischem Wege eingeführt. Das Recht auf Arbeit sucht man darin vergeblich. Maßgebende Entscheidungen wie etwa die Einführung des Euro und die in »Vertrag von Lissabon« umbenannte sogenannte Verfassung der Europäischen Union wurden beschlossen, ohne das deutsche Volk zu befragen. Gepriesen wird die Meinungs- und Pressefreiheit, doch »die Pressefreiheit ist«, wie einer der Herausgeber der *Frankfurter Allgemeinen Zeitung*, Paul Sethe, schon Mitte der 60er Jahre feststellte, »die Freiheit von 200 reichen Leuten, ihre Meinung zu verbreiten«.[11]

Infolge von Monopolbildung und Fusionen im Medienbereich genießen diese Freiheit heute nur noch etwa 50 Personen. Das zu verändern ist eine der Grundvoraussetzungen für eine wahre Demokratisierung der Bundesrepublik Deutschland.

In der DDR waren die Demokratiedefizite leider groß, im größer gewordenen Deutschland sind sie nicht geringer. Die im Arbeitsleben der DDR entwickelten demokratischen Elemente wurden beseitigt.

Der eingangs zitierte Eberhard Esche sah einen der Unterschiede der beiden Systeme darin, »dass man innerhalb der westlichen Grenzen *Scheißregierungschef* sagen konnte, aber nicht *Scheißchef,* und innerhalb der östlichen Grenzen war es umgekehrt«.[12]

Mathias Melster war einer von bis zu 240 Häftlingen,
die im Stasi-Gefängnis Hohenschönhausen täglich
acht Stunden verhört wurden. Wecken um sechs,
um neun über die Gänge mit gemustertem Linoleumbelag
zum Vernehmerraum, Befragung, eine Stunde Mittagspause,
weiter bis zum Abend. Stasi-Terror werktags 9 bis 18 Uhr,
sonntags Ruhepause. Meistens jedenfalls.

Susanne Leinemann,
in: *Die Welt*, 8. November 1999

Lüge Nr. 2
Stasi-Folter und Stasi-Terror

In der biblischen Geschichte, im 3. Buch Mose, ist der »Sündenbock« ein Bock, dem der jüdische Hohepriester Aaron als Zeichen der Übertragung aller Missetaten und Sünden des Volkes die Hände auflegt, bevor er ihn in die Wüste jagt. Im vereinigten Deutschland dienen das Ministerium für Staatssicherheit der DDR und seine Mitarbeiter als Sündenböcke der jüngsten deutschen Geschichte. Sie sind die Inkarnation des Bösen, Beweis für den verbrecherischen Charakter des untergegangenen Staates.

Jeder ordentliche Bundesbürger hat beim Namen »DDR« auch das Wort »Stasi« zu assoziieren. Es gehört zum Allgemeinwissen, auch wenn dieses auf anderen Feldern unterentwickelt ist. Schon in Meyers Neuem Lexikon ist unter dem Stichwort »Staatssicherheit« zu erfahren, dass die »Bekämpfung jeder ›staatsfeindlichen Tätigkeit‹« durch das MfS sich zunehmend »in offenem Terror« äußerte. Auch in der freien Internet-Enzyklopädie »Wikipedia« wird mitgeteilt, dass das Ministerium für »massive Überwachung, Terror und Folter gegen die Zivilbevölkerung in der DDR verantwortlich« gewesen sei.

Den unbekannten Verfassern dieser Auskunft sollte man das nicht allzu sehr nachtragen, schließlich stützten sie sich auf den Bericht der Eppelmann-Kommission des Bundestages zur Aufarbeitung der SED-Diktatur, in dem unmittelbar nach dem MfS-Kapitel folgende »Opferkategorien« genannt werden: Todesfälle in Haftanstalten, staatliche Auftragsmorde im In- und Ausland, Auslieferung an fremde Mächte, Tötung unter aktiver ärztlicher Mitwirkung, willkürliche Verweigerung ärztlicher Hilfe, Zwangsadoptionen, bewusste Verweigerung von ärztlicher bzw. medikamentöser Betreuung, insbesondere in den Bereichen Psychiatrie und Orthopädie.[13]

Verdienstvolle »Stasi«-Aufarbeiter drücken das noch drastischer aus, z. B. Ehrhart Neubert, Theologe, »Bürgerrechtler«, einst Angestellter der Birthler-Behörde. Er spricht von der »Blutspur« des MfS und charakterisiert dessen Mitarbeiter so: »Die Diener ihrer Herren auf den niedrigeren Rängen waren ebenso bereit, Mord und Totschlag, physische und psychische Folter und jede Form des Eingriffs in die Rechte und Würde von Menschen vorzunehmen. Unter ihnen gab es besondere Schreckensgestalten, wie die langjährige Justizministerin Hilde Benjamin, im Volksmund die ›rote Hilde‹ genannt, oder einen von vielen gefürchteten Strafvollzugsbeamten, den die Häftlinge ›Roter Terror‹ nannten. Neben ihnen stehen zahlreiche MfS-Offiziere, Grenzer, Vernehmer, Richter, Staatsanwälte, Polizisten, Lehrer, Spitzel. Sie waren Menschen und keine Dämonen. Sie wurden zu Mördern und Menschenschindern, weil sie ihre eigenen Interessen mit denen des Kommunismus im Einklang sahen und damit menschliche Maßstäbe dahingaben. Sicher haben manche dabei ihre eigenen sadistischen Gelüste ausgelebt. Das aber war nur möglich, weil sie auch darin gebraucht wurden.«[14]

Leute wie Neubert wurden gebraucht, als es galt, die Angehörigen des MfS in die Wüste zu jagen und ihnen alle erdenklichen Missetaten anzulasten. Allesamt wurden sie zu Unholden erklärt und per Strafrente kujoniert. Mit riesigem Aufwand wurden gegen Tausende von ihnen Ermittlungsverfahren eingeleitet. Doch leider: In ihrem Ergebnis wurden nur 20 verurteilt: zwölf zu Geldstrafen, sieben zu Freiheitsstrafen auf Bewährung. Dem beklagenswerten Chefankläger Schaefgen gelang es trotz aller Bemühungen nicht, auch nur einen einzigen Fall von Folter, radioaktiver Bestrahlung, Verabreichung von Psychopharmaka, Elektroschocks oder dergleichen, worüber die Medien viel Grausiges berichtet hatten, nachzuweisen.

Zu diesem gründlich fehlgeschlagenen Versuch, die früheren Mitarbeiter des MfS und mit ihnen die DDR zu kriminalisieren, meinte Peter Michael Diestel, DDR-Innenminister in der Regierung von Lothar de Maizière, der eine große Anzahl von hauptamtlichen und inoffiziellen Mitarbeitern des MfS juristisch vertrat: »Es hat im Grunde über die Justiz eine – wie auch immer geartete, politisch allerdings nicht gewollte – Rehabilitierung dieses Personenkreises gegeben. Wenn man sich die Geschichte des MfS ansieht, d. h. die gesamten 40 Jahre, dann gibt es in diesem ganzen Zeitraum wohl nur eine einzige schwerkriminelle, strafrechtlich relevante Handlung, neben all den Dingen, die ich politisch ablehne wie Diktatur, Mauerbau und dergleichen. […] Was heißt das aber, wenn es Hunderte Verfahren und nur wenige kriminellen Inhaltes gab? Fest steht, dass zwischen den in den Medien behaupteten Verbrechen des MfS und den tatsächlich durch die Justiz nachgewiesenen Verbrechen eine Differenz klafft wie zwischen Schwarz und Weiß. Es heißt, dass es hier einen Geheimdienst gegeben hat, der sich nicht krimineller Mittel bedienen musste. […] Auf Grund seiner guten Organisation und seiner fast unbegrenzten finanziellen und materiellen Möglichkeiten war das MfS in der Lage, nicht mit Mord, Totschlag oder Entführungen arbeiten zu müssen.«[15]

Als wahr erwies sich der Vorwurf der Informationssammelleidenschaft, die die Sinnlosigkeit von Geheimdiensten bestätigte, aber erst dann endgültig bewertet werden kann, wenn BND und Verfassungsschutz ihre eigenen Akten offenlegen. Eine Abweichung dürfte darin bestehen, dass die offengelegten Aktenbestände des MfS in Kilometern und die streng geheimen der bundesdeutschen Geheimdienste mittlerweile in Gigabytes gemessen werden. Auf einen anderen Unterschied weisen die Advokaten des BND und diverser anderer Topsecret-Dienste mit Vorliebe hin, nämlich darauf, dass die Geheimdienste der Bonner und Berliner Republik im Gegensatz zu denen in der DDR durch parlamentarische

Gremien demokratisch kontrolliert würden. Was von dieser Behauptung zu halten ist, erläuterte der Abgeordnete der Linkspartei und ehemalige Richter am Bundesgerichtshof, Wolfgang Neskovic, der als Mitglied des Parlamentarischen Kontrollgremiums (PKG) und als erster Bundesparlamentarier Ende 2006 ein einwöchiges Praktikum beim Bundesnachrichtendienst absolvierte: »Die neun Mitglieder des PKG haben nicht den blassesten Schimmer, was die 6.000 Mitarbeiter des Dienstes tun. Wir treffen uns alle drei bis sechs Wochen und hören meistens das, was die Geheimdienste uns erzählen wollen. So kann das nicht funktionieren.«[16]

Dafür funktioniert etwas anderes: die Auswahl der inoffiziellen Mitarbeiter, die in der Bundesrepublik nicht IM, sondern V-Männer, V-Frauen oder geschlechtsneutral V-Leute genannt werden. Eine von ihnen, Sandra Franke aus Soltau, wurde vom niedersächsischen Verfassungsschutz als »Doris König« geführt. Zuletzt arbeitete sie als Moderatorin beim tiefbraunen Internet-Radiosender *European Brotherhood Radio*. Mit »Heil Hitler!« kündigte sie neben vielen anderen Hassgesängen auch folgendes herzerwärmende Lied an: »In Belsen, in Belsen, da hängen wir sie an den Hälsen; in Buchenwald, in Buchenwald, da machen wir die Juden kalt; in Meiderneck, in Meiderneck, da machen wir aus Juden Speck; aus Judenhaut, aus Judenhaut, da wird der Lampenschirm gebaut; in Auschwitz, das weiß jedes Kind, dass Juden nur zum Heizen sind.«[17]

Anschließend dachte sie nach einem nochmaligen »Sieg Heil!« darüber nach, dass unter Hitler eigentlich zu wenig Juden umgebracht worden seien. Als die Betreiber des Radios Ende 2009 endlich vor Gericht gerieten, erhielt Franke lediglich ein Bewährungsstrafe. Als strafmildernd wurde berücksichtigt, dass sie den Verfassungsschutz wiederholt über den Sender informiert hatte.

Eine Ausnahme unter den V-Leuten war sie keineswegs. Wie groß deren Anzahl ist, lässt sich dem Buch »Geheime Informanten« von Rolf Gössner entnehmen: »Wie die

Innenminister und VS-Behörden inzwischen offiziell zugeben mussten« – was nicht etwa heißt, dass sie alles zugeben hätten – »standen etwa 30 der insgesamt 200 NPD-Vorstandsmitglieder seit Jahren als V-Leute im Sold des Staates – also fast jeder siebte (15 Prozent).«[17] Darauf können die demokratischen Geheimdienste wahrlich stolz sein!

Seit 1990 bespitzelt der Verfassungsschutz die Partei *Die Linke*, damals noch PDS, die sich, wenn ein Spitzel auffliegt, sogleich erdreistet, den unverzüglichen Abzug aller V-Leute zu fordern. Gerechterweise wird diese Forderung nicht erfüllt, sind doch die Linken bekanntlich die größte Gefahr für das kapitalistische System.

Selbstredend haben die Geheimdienste des deutschen Sozialstaates auch eine soziale Ader. Sie schaffen Arbeitsplätze für sich und gelegentlich auch für Bauarbeiter, zum Beispiel jetzt in Berlin mit dem Milliardenbau der BND-Zentrale mit 2.800 Räumen auf einer Nutzfläche von 100.000 Quadratmetern, oder sie greifen Studenten unter die Arme, die als V-Leute gegen Bezahlung antifaschistische Initiativen, Bündnisse gegen Sozialabbau und Umweltgruppen ausforschen dürfen. Hilfreich standen sie auch noch zu Lebzeiten der DDR den bundesdeutschen Zollbehörden zur Seite, als diese illegal mehrere Hundert Millionen Postsendungen aus dem östlichen Deutschland kontrollierten und nicht selten vernichteten, um die Bundesbürger vor kommunistischer Propaganda zu schützen. Heutzutage bietet die moderne Technik weitaus kostengünstigere geheimdienstliche Möglichkeiten, um in Konzernen wie Deutsche Bahn, Telekom, Siemens, Daimler an der Ausspähung der Mitarbeiter zu partizipieren.

Wie verdammenswert sind im Vergleich dazu die IM des Ministeriums für Staatssicherheit. Völlig zu Recht forderte deshalb die Landesvorsitzende der Grünen in Brandenburg, Annalena Baerbock, im Januar 2010 nach dem bewährten Thüringer Modell die »Stasi-Aufarbeitung [...] gerade auch auf kommunaler Ebene« fortzusetzen und bei Wahlen alle

Kandidaten zu verpflichten, eine schriftliche Erklärung über eine Zusammenarbeit mit der vor zwei Jahrzehnten dahingeschiedenen Stasi abzugeben.

Nun hätte man in einem unverschämten Gegenzug verlangen können, dass zukünftig alle Wahlkandidaten auf allen Ebenen in einer eidesstattlichen Erklärung versichern, in keiner Weise als V-Frau oder V-Mann mit den aktiven bundesdeutschen oder ausländischen Geheimdiensten zusammenzuarbeiten. Von einer solchen Forderung wurde bisher nichts bekannt. Wieso auch? Schließlich leben wir in einer »demokratischen Gesellschaft«, in der neben Al Qaida die Stasi, Signum und Sinnbild der DDR, der Hauptfeind ist und bleiben soll. Alle Fraktionen des Brandenburger Landtages haben zu Beginn des Jahres 2010 eine vierköpfige Kommission zur »Stasi«-Überprüfung der Abgeordneten eingesetzt, der ein Spezialist in Geheimdienstfragen angehört: der ehemalige Präsident des Bundesamtes für Verfassungsschutz und des BND Hansjörg Geiger. Damit wurde der Bock zum Gärtner, der Ex-Chef des existierenden »demokratischen« BRD-Geheimdienstes zum Untersuchungsrichter über angebliche Mitarbeiter des lange Zeit gegnerischen, aber längst untergegangenen »diktatorischen« Dienstes gemacht.

Natürlich besagt die »juristische Rehabilitation«, von der Diestel spricht, nicht, dass das MfS eine makellose demokratische Einrichtung war. Geschaffen wurde das Ministerium in einer Periode tiefgreifender Umgestaltungen der Eigentums- und anderer gesellschaftlicher Verhältnisse, die schwerlich ohne eine »revolutionäre Diktatur« (Marx) denkbar gewesen wären. Hinzu kam, dass »die sowjetische Besatzungszone und die DDR über 45 Jahre hinweg unter Bedingungen eines tatsächlich gegebenen Ausnahmezustandes existierten. Dieser hatte seine Grundlage in der seit Beginn des Kalten Krieges von den Regierenden in Bonn verfochtenen Politik der ›Befreiung‹ der DDR, die die Legitimität der DDR als Staat leugnete. Demokratisierung war unter diesen Bedingungen sicherlich in besonderem Maße schwierig.«[19] Leider gelang es nicht, diese Schwierigkeiten zu meistern. Das hatte seine Ursache in der Notwendigkeit, sich der permanenten offenen und verdeckten Angriffe von außen und innen – des Bonner Alleinvertretungsanspruchs (Hallstein-Doktrin), der Spionage- und Agententätigkeit, der Sabotage, des Handelskrieges, der organisierten Abwerbung, der Banden- und Wirtschaftskriminalität – zu erwehren. Aber nicht nur darin: Nicht überwunden wurde der Geburtsfehler des Sozialismus nach dem »sowjetischen Grundmodell«, die Kluft zwischen sozialer Gleichheit und Gerechtigkeit einerseits und demokratischer Selbst-und Mitbestimmung andererseits. Er haftete auch dem später verkündeten »Sozialismus in den Farben der DDR« an und prägte das Ministerium für Staatssicherheit, das Macht- und Schutzorgan der DDR, das so gern »Schild und Schwert der Partei« genannt wurde. Mit diesem »Schwert« wurden politisch Andersdenkende zwar nicht enthauptet, aber drangsaliert und verfolgt in einem Maße, welches der Demokratie und damit dem zu verteidigenden Sozialismus einen enormen Schaden zufügte.

Diese Seite der Geschichte der DDR wird auch dadurch nicht heller, dass die meisten derjenigen, die zu DDR-Zeiten die »Freiheit der Andersdenkenden« auf ihre Fahnen geschrieben hatten, den Spieß umdrehten und gemeinsam mit den Mächtigen in Bonn und Berlin unter der Losung »Jetzt haben wir euch, nun wird die Rechnung präsentiert und ihr müsst büßen«[20] zum Rachefeldzug antraten, Pogromstimmung gegen die offiziellen und inoffiziellen Mitarbeiter des MfS schürten und härtesten Strafen das Wort redeten. Die Diskriminierung dieser Mitarbeiter ist auch 20 Jahre nach der Gegenrevolution umfassend.

Da sich jedoch die sogenannte justizielle Aufarbeitung der »kriminellen Stasi-Verbrechen« mangels dieser als ein Schlag ins Wasser erwies, der trotz hoher Wellen nicht das von Delegitimierungs-Minister Kinkel verlangte Ergebnis brachte, beschritten die MfS-Aufarbeiter immer offener den Weg der Fälschung. Der im nordrhein-westfälischen Unna geborene Hubertus Knabe, welcher dem Berliner *Tagesspiegel* als »einer der profiliertesten SED-Forscher« gilt, wurde zum Kronzeugen und die von ihm geleitete »Zentrale Gedenkstätte Berlin-Hohenschönhausen« zum wichtigsten Beweismittel für den »Stasi-Terror«.

Bei seinem Amtsantritt erklärte Knabe die ehemalige MfS-Untersuchungshaftanstalt zum »Dachau des Kommunismus«. Und so ist die Gedenkstätte mit Steuermitteln und mit Hilfe eines Fördervereins zur finanziellen Unterstützung – zu dessen Gründern Ex-Kanzler Helmut Kohl, der Ex-Wirtschaftsminister Michael Glos und solche bewährten DDR-Experten wie Stefan Hilsberg, Arnulf Baring, Vera Lengsfeld und andere gehören –, gestaltet worden, einschließlich »Folterzellen«, die so nie bestanden haben. Zu besichtigen ist auch ein Eisenbahnwaggon zum Transport von Häftlingen und eine Schiene, eine Art Rampe, die nicht an Dachau, sondern an den Zugang zur größten Menschenvernichtungsanlage aller Zeiten denken lässt.

Die Installation hat nur einige Fehler. Der Waggon war nie zu DDR-Zeiten in der Haftanstalt Hohenschönhausen angekommen, sondern erst Jahre später, als Knabe ihn zu Ausstellungszwecken benötigte. Die Schiene ist kurz, sie hat weder jetzt noch hatte sie früher einen Gleisanschluss an das Eisenbahnnetz. Sie wurde nachträglich in die Gedenkstätte gelegt. Wahr ist lediglich die gewollte Assoziation: Auschwitz – das furchtbare Symbol der faschistischen, Hohenschönhausen – das der »zweiten deutschen Diktatur«.

Ein Springer-Blatt wusste gar zu berichten, dass in den »Stasi-Gefängnissen« mehr als 2.500 Häftlinge ermordet und Tausende Selbstmord begingen.[21] In Wirklichkeit, und die ist schlimm genug, gab es von 1951 bis 1989, also in nahezu vier Jahrzehnten, in allen Untersuchungshaftanstalten des MfS zusammen 14 Selbsttötungen, davon sechs im »Dachau des Kommunismus« in Berlin-Hohenschönhausen. In der Untersuchungshaft der demokratisch kontrollierten Justizvollzugsanstalt Berlin-Moabit nahmen sich vom 1991 bis zum 16. November 2000 allein 28 erwachsene Männer das Leben, und von 2000 bis 2006 betrug die Zahl der Selbstmorde in den Gefängnissen der BRD 646[22]. Neuerdings sollen solche Suizide nicht mehr gemeldet werden.[23]

Mit der historischen Wahrheit stehen Knabe und seine Mitarbeiter auf Kriegsfuß, aber ihr Feindbild stimmt. Es ist die »Stasi«, die mit der faschistischen Gestapo auf eine Stufe gestellt wird. 150.000 Besucher werden jährlich durch die Schreckenskammern des MfS geführt. Zu ihnen zählten die Leipziger Thomaner, die, angesichts der Erläuterungen verständlicherweise betroffen, vor den ehemaligen Zellen Choräle und Motetten von Bach und Brahms vortrugen. Hubertus Knabe zeigte sich ebenfalls sichtlich gerührt und sagte den Jungen im Alter von 10 bis 18 Jahren: »Es war, als hättet Ihr die bösen Geister vertrieben.«

Aber auch hier übertrieb er maßlos. Die »bösen Geister« des Antikommunismus haben in Hohenschönhausen und vielerorts im Lande eine sichere Heimstatt gefunden, von dem aus die DDR in schaurig-giftigen Farben gezeichnet werden kann.

*Am 8. Mai (2010) feiert die Linkspartei
wieder die »antifaschistische« DDR.
Selbst DDR-Gegner glauben die Mär vom Antifaschismus.
In Wahrheit machten viele Nazi-Verbrecher
in der SED Karriere.*

Armin Fuhrer,
in: *Focus*, 8. Mai 2010

Lüge Nr. 3
Der verordnete Antifaschismus

Im heißen Sommer 1990 arbeiteten der damalige Innenminister Wolfgang Schäuble und seine Mannen noch intensiv an den einzelnen Kapiteln des »Vertrages« über den Anschluss der DDR an die Bundesrepublik Deutschland, den, nun mit dem schönen Namen »Einigungsvertrag« versehen, er am 31. August 1990 mit dem Vertreter der DDR-Übergaberegierung, Günther Krause, unterschrieb, da veranlasste er die Vorbereitung eines kleinen Buches zum Thema »Antifaschismus«. Es erschien unmittelbar nach dem Untergang der DDR und trug den eher harmlosen Titel »Bedeutung und Funktion des Antifaschismus«. Was sich dahinter verbarg, zeigte allein schon ein Beitrag unter der Überschrift »Antifaschismus als Legitimation staatlicher Herrschaft in der DDR«[24]. Verfasser war ein Manfred Wilke aus Berlin, einst Vorsitzender des Sozialistischen Deutschen Studentenbundes (SDS) an der Westberliner Akademie für Wirtschaft und Politik, dann Trotzkist, SPD, später CDU und seit 2005 Mitglied des Berliner CDU-Landesvorstandes. Der Professor, der den Beiräten der BStU, der Stiftung Gedenkstätte Berlin-Hohenschönhausen und der Stiftung zur Aufarbeitung der SED-Diktatur angehört, sollte später fordern: »Kein Fortschreiben des von der SED verordneten ›Antifaschismus‹, sondern dessen kritische Delegitimierung«.[24]

Mit der vom Bundesministerium des Inneren herausgegebenen Publikation kam eine Kampagne in Schwung, mit der eine der bis dahin tragenden Säulen des besiegten Staates eingerissen und dessen antifaschistischer Charakter geleugnet werden sollte. »Verordneter Antifaschismus« –

31

das war ein Brandmal, das die DDR nach Bonner Willen fortan tragen sollte. Der namhafte Historiker Kurt Pätzold sagte dazu: »Kein zweiter Begriff ist nach dem ›Unrechtsstaat‹ von den Politikern, die das Prinzip Anschluss gegen das Prinzip Vereinigung durchsetzten, derart demagogisch instrumentalisiert worden wie der vom ›verordneten Antifaschismus‹.«[25]

Zwei Jahrzehnte sind seitdem vergangen. Das Feindbild DDR ist geblieben, und auch an der Lüge vom »verordneten Antifaschismus« hat sich nichts verändert. Im Sommer 2002 erschien beispielsweise ein weiteres Buch zum »Antifaschismus«. Es trug schon im Titel die klare Ansage: »Der missbrauchte Antifaschismus. DDR-Staatsdoktrin und Lebenslüge der deutschen Linken«. Herausgeber war die Konrad-Adenauer-Stiftung e. V., die das 446 Seiten dicke Druckwerk so anpries: »Ziel des Buches ist es, den Missbrauch des Antifaschismusbegriffs durch die kommunistische Ideologie zu zeigen. In der DDR legitimierte die SED ihre Herrschaft nach innen mit der Behauptung einer völligen Abkehr vom Nationalsozialismus durch eine ›antifaschistisch-demokratische Umwälzung‹ und rechtfertigte so ihre Angriffe auf die angeblich ›faschistisch‹ gebliebene Bundesrepublik. Das Buch tritt für einen anti-extremistischen, nicht *antifaschistischen* Konsens aller Demokraten ein und warnt vor den Gefahren von ›links‹ und ›rechts‹ in gleicher Weise.«[27] Das Geleitwort schrieb Wolfgang Schäuble.

Und unter den Autoren befand sich der inzwischen bekannte Prof. Manfred Wilke mit dem Beitrag »Die ›antifaschistische‹ Republik«. An seiner Seite standen Autoren, deren Themen für sich sprechen: »Antifaschismus als Loyalitätsfalle« (Annette Simon), »Eine Lüge aus Stein« (Rolf Schneider), »Gebrochener, nicht ›verordneter‹ Antifaschismus« (Konrad Weiß), »Offizieller Antifaschismus und verborgener Antisemitismus in der DDR« (Lothar Mertens), »Die Büchse der Pandora. Der verordnete Antifaschismus in der DDR hat viel Unheil angerichtet« (Frank Pergrande).

Diese und andere Publikationen folgten den Leitlinien der Eppelmann-Kommission des Bundestages, die den Antifaschismus als »Gründungsmythos der DDR und Legitimationsideologie der SED-Diktatur«[27], dessen Missbrauch es zu überwinden gelte, diffamierte. Wenn es um solche hehren Ziele geht, dann darf auch, um nur noch einen der bekannten DDR-Aufklärer zu nennen, der Lehrstuhlinhaber für Theologie und Philosophie an der Berliner Humboldt-Universität, Prof. Dr. Richard Schröder, der auch Mitglied des Nationalen Ethikrates und der Grundwertekommission der SPD sowie Vorsitzender des Fördervereins Berliner Schloss ist, nicht abseits stehen.

Im Herbst 2005 äußerte er sich zu dem gerade erschienenen Werk »NS-Verbrechen und Staatssicherheit. Die geheime Vergangenheitspolitik der DDR«. Sein Autor, Henry Leide, Mitarbeiter der Außenstelle Rostock der »Bundesbeauftragten für die Unterlagen des Staatssicherheitsdienstes der ehemaligen Deutschen Demokratischen Republik«, entdeckt darin, dass in der DDR »eine Auseinandersetzung mit der NS-Zeit [...] von Anfang an ausgeblendet« wurde und »NS-belastete Personen« als inoffizielle Mitarbeiter oder als Spione angeworben wurden. Prof. Schröder pries das Elaborat und konstatierte: Er habe »in den zurückliegenden 15 Jahren von vielen Leuten gehört, dass vieles an der DDR schlecht war, aber dass sie doch ein antifaschistischer Staat war. [...] Die so argumentiert haben [...], die werden sich leider auch das noch abschminken müssen.«[28]

Ja, er hat Recht. Die zum Abschminken Aufgeforderten brauchen nur seinem weisen Rat zu folgen, und der sonst so steinige Weg zur Wahrheit öffnet sich ihnen wie eine glatte Straße in das Reich der Erkenntnis. Sie müssen lediglich die Entschiedenheit ignorieren, mit der im Osten Deutschlands nach 1945 die Herren der Großindustrie und der Hochfinanz, die Hitler gefördert und unterstützt hatten, enteignet, die Nazi- und Kriegsverbrecher verfolgt und jegliche Formen nazistischer Propaganda unter strenge Strafen gestellt wurden. Die Älteren unter ihnen sollten sich auch nicht mehr daran erinnern, welche Aufklärungsarbeit nach der Befreiung vom Faschismus geleistet wurde, um den Deutschen das unermessliche Leid vor Augen zu führen, das sie unter dem Hitlerregime anderen Völkern zugefügt hatten.

Ebenso ist aus der Erinnerung zu streichen, wieviele Straßen und Plätze, Kulturhäuser, Schulen und später auch Kasernen die Namen von ermordeten antifaschistischen Widerstandskämpfern trugen und dass Millionen von Schülern Buchenwald, Sachsenhausen, Ravensbrück und andere Stätten des Gedenkens an die Leiden in den Konzentrationslagern besuchten. Nicht erinnern dürfen sie sich daran, dass der Antifaschismus ein zentrales Thema der Kunst und des gesamten Kulturschaffens war, und sollten sie – um als Beispiel nur die Filmkunst zu erwähnen – solche Filme wie Wolfgang Staudtes »Die Mörder sind unter uns«, Kurt Maetzigs »Ehe im Schatten«, Konrad Wolfs »Professor Mamlock«, »Sterne« und »Ich war neunzehn«, Frank Beyers »Nackt unter Wölfen« und »Jakob der Lügner« oder Günter Reischs und Günther Rückers »Die Verlobte« gesehen haben, dann sollten sie das schnellstens aus ihrem Gedächtnis tilgen. Auch die Tatsache sollte nicht länger schöngeredet werden, dass nahezu alle zentralen Führungspositionen in der DDR von Antifaschisten eingenommen wurden, die in der Illegalität, in den Internationalen Brigaden in Spanien und im Exil gekämpft, in den Zuchthäusern und Konzentrationslagern gelitten hatten. Verdrängt werden muss schließlich nur noch, dass der Antifaschismus durch das Wirken von Widerstandskämpfern, Künstlern, Schriftstellern, Wissenschaftlern und Lehrern zur herrschenden Überzeugung und zu einem wichtigen Bindeglied der Gesellschaft wurde.

Wie man sieht, ist es gar nicht so schwer, Schröders Rat zu folgen und sich abzuschminken, dass die DDR ein antifaschistischer Staat war. Ist das vollbracht, dann zeigt sich, dass in ihm der Antifaschismus nur ein »verordneter« und darüber hinaus ein »Mythos«, also eine Fabel, eine Sage war. Es ist schon grotesk, dass dieser Vorwurf des ostdeutschen Professors seinen Ursprung ausgerechnet in jenem Teil Deutschlands hat, in den nach 1945 die geschlagenen Nazis aus allen Teilen des ehemals Großdeutschen Reiches in Scharen flüchteten und nach kurzer Schamfrist wieder zu Amt und Würden kamen. Als sich dagegen Protest erhob, erklärte der erste Kanzler der Bundesrepublik, Konrad Adenauer, lapidar: »Es gibt ein rheinisches Wort, das besagt: ›Man schüttet kein dreckiges Wasser aus, wenn man kein reines hat‹.«[29]

»Dreckiges Wasser« gab es zur Genüge. Schon 1949 »gab es unter der Beamtenschaft zahlreicher Behörden des gerade erst entstandenen Bundesstaates und seiner Länder mehr ehemalige Mitglieder und Funktionäre der aufgelösten und verbotenen NSDAP und ihrer diversen Gliederungen, als dort früher, zu Hitlers Triumphzeiten, vorhanden gewesen waren.«[30] In der ersten Adenauer-Regierung selbst waren mehr NSDAP-Mitglieder als in der ersten Nazireichsregierung vom 30. Januar 1933. Dort in Westdeutschland wurden sie geschützt, sie wurden gebraucht, denn im Gegensatz zu Ostdeutschland wurden die Beschlüsse der Alliierten zur »Vernichtung der bestehenden übermäßigen Konzentration der Wirtschaftskraft, dargestellt insbesondere durch Kartelle, Syndikate, Trusts und andere Monopolvereinigungen«[31] nicht erfüllt. Die ökonomischen Grundlagen, auf denen der Faschismus ruhte, blieben weitgehend unangetastet.

Die Herren der Großindustrie und der Hochfinanz, die Hitler gefördert und gestützt hatten, gaben auch im neuen Staat den Ton an, darunter – um nur einige zu nennen – die ehemaligen Wehrwirtschaftsführer Heinrich Dinkelbach und Heinrich Kost, der Chef des Klöckner-Konzerns, Günter Henle, der Bankier Robert Pferdmenges und ab 1950 –

nach Verbüßung einer von den Alliierten verhängten Gefängnisstrafe – Friedrich Flick, im Hitlerreich ebenfalls Wehrwirtschaftsführer, Mitglied des »Freundeskreises des Reichsführers SS Heinrich Himmler« und in der Bundesrepublik Herr eines riesigen Konzernreiches mit Hunderttausenden von Arbeitern und Angestellten.

Die Kontinuität der Machtverhältnisse in der Wirtschaft fand ihre Entsprechung in der Kontinuität des politischen Personals. Bis weit in die 60er Jahre hinein waren ehemalige verdienstvolle Nazis, darunter solche, die barbarische Kriegsverbrechen begangen hatten, in großer Zahl in der Bundesrepublik Deutschland tätig: 21 Minister und Staatssekretäre, 100 Generale und Admirale der Bundeswehr, 828 hohe Justizbeamte, Staatsanwälte und Richter, 245 leitende Beamte des Auswärtigen Amtes und des diplomatischen Dienstes, 297 hohe Beamte der Polizei und des Verfassungsschutzes. Hinter den Zahlen stehen Namen, solche wie Oberländer, Heusinger, Filbinger, Lübke und nicht zuletzt Dr. Hans Maria Globke.

Viele Ältere unter den Zeitgenossen kennen den Mann und seine Verbrechen, die jüngeren weniger oder gar nicht. Deshalb sei auch hier an ihn erinnert. Globke war als Ministerialrat im faschistischen Innenministerium und Spezialist für Rassenfragen Hauptverfasser und richtungsweisender Kommentator der Nürnberger Blutgesetze, mit denen die juristischen Grundlagen für die totale Entrechtung der Juden, für ihre Verschleppung in die Konzentrations- und Vernichtungslager Auschwitz und Majdanek gelegt wurden. Bis zum Untergang des faschistischen Staates wirkte er als Referent für »Allgemeine Angelegenheiten und Geschäftsführung« des deutschen Innenministers, der sich »Generalbevollmächtigter für Reichsverwaltung« nannte und seit 1943 kein anderer als der Reichsführer SS Heinrich Himmler war.

Dieser Globke stand 1945 mit der Nummer 101 auf der Hauptkriegsverbrecherliste der Alliierten, aber 1950, am 8. Juli, wurde er mit der Unterschrift von Bundespräsident Theodor Heuss als Ministerialdirigent Leiter der Personalabteilung beim Kanzler und drei Jahre später Staatssekretär und Chef des Bundeskanzleramtes. Von der rechten Hand Himmlers wurde er zur rechten Hand Konrad Adenauers, zur »Grauen Eminenz« in Bonn. Über seinen Tisch gingen die für Adenauer bestimmten Schreiben und Vorlagen, er bereitete die Sitzungen des Kabinetts vor, er war der Chef des Staatssekretärs-Ausschusses für Sicherheitsfragen, ihm unterstanden der von Nazi-General Gehlen geleitete Geheimdienst und der Bundespressechef. Nicht zuletzt entschied er über die Einstellung und Beförderung aller höheren Beamten.

»Dr. Globke war damals und blieb bis zum Ende der Ära Adenauer«, so konstatierte der langjährige Vorsitzende des Verbandes deutscher Schriftsteller Bernt Engelmann, »der mit Abstand einflussreichste und mächtigste Mann in Bonn nach dem Kanzler. Durch seine Personalentscheidungen bis 1962 wirkte er weit über seine eigene Amtszeit hinaus auf die Politik der Bundesregierung ein. [...] Es ist nicht zuviel gesagt, wenn man feststellt, dass die Entwicklung der Bundesrepublik Deutschland entscheidend mitgeprägt wurde von diesem Mann, dessen Name unter Hunderten von Gesetzen und Verordnungen, Richtlinien und Kommentaren stand, mit deren Hilfe die furchtbarsten Verbrechen der deutschen Geschichte verübt, ja erst möglich wurden.«[32]

Globke ist längst zur Hölle gefahren. Aber ist alles vorüber? Neofaschisten und Rechtsradikale treiben wieder ihr Unwesen, die Zahl brutaler rechtsextremer Straftaten steigt. Nahezu jedes Wochenende demonstrieren Rechtsradikale, die ihr Tätigkeitsfeld von West nach Ost verlegt haben, unter dem Schutz der Polizei, was in der DDR undenkbar gewesen wäre. Vor allem die NPD intensiviert ihren sogenannten Kampf um die Straße. Rechtsextreme Parteien hatten den Sprung in die Landtage von vier Bundesländern (Mecklenburg-Vorpommern, Bremen, Sachsen und Brandenburg) geschafft, in den Parlamenten in Schwerin und Dresden sitzen sie noch immer. Nach Angaben des Bundestages vom Frühjahr 2010 wurde die NPD im Jahre 2008 fast zur Hälfte mit staatlichen Mitteln, und zwar in einer Höhe von 1,5 Millionen Euro, finanziert. Angeblich sind für die Wiederauferstehung der Rechten im Osten Deutschlands die DDR und ihr »verordneter Antifaschismus« schuld, so, als ob die Anführer der Neonazis nach der »friedlichen Revolution« von 1989/90 nicht in Massen von West nach Ost gezogen wären und die Treuhänder und die anderen DDR-Abwickler mit Industriezerstörung, Vernichtung von Millionen Arbeitsplätzen und antikommunistischer Propaganda nicht den Boden für die braune Saat bereitet hätten.

Der Rechtsextremismus ist jedoch längst in der gesellschaftlichen Mitte angekommen. Die Ängste vor Fremden und Ausländern gehen von dort aus. Es sind die auswärtigen Konkurrenten, die angeblich den hart erarbeiteten Wohlstand gefährden. Es sind nicht die Schlägertrupps, die den Staat bedrohen – man braucht sie sogar als nützliche Idioten, um zu zeigen, dass die Demokratie wehrhaft ist. Da setzt sich am 1. Mai selbst ein Vize-Bundestagspräsident schon mal auf die Straße und lässt sich – medial gut inszeniert – von der Polizei wegtragen. Als das dosierte Gekeife bei FDP, CDU und der Gewerkschaft der Polizei einsetzte, entschuldigte er sich damit, seine bürgerliche Pflicht erfüllt zu haben, während die Polizisten ihrer Dienstpflicht nachgekommen wären. So spielt denn jeder seine Rolle und vermittelt den Eindruck, dass alles zum Besten stehe mit dem deutschen Vaterlande und dem Antifaschismus.

Zu DDR-Zeiten besuchten Jahr für Jahr Hunderttausende von jungen Menschen die Gedenkstätte des KZ Buchenwald. Sie sahen neben anderem mit Entsetzen die Lampenschirme, die, wie ihnen berichtet wurde, die Frau des Lagerkommandanten, Ilse Koch, aus der Haut ermordeter Häftlinge hatte anfertigen lassen. Zu BRD-Zeiten, nach dem Ende des »verordneten Antifaschismus«, verbreiteten Neonazis eine CD mit dem Titel »Endlösung«, auf der die Kultfigur des Rechtsrocks, Regener alias Lunikow, den Mord eines jüdischen Mädchen herbeisehnt: »Sarah, aus Deinen Knochen hab ich so'n prima Gestell gebaut. Fürn Lampenschirm, und den dazu aus Deiner herrlich zarten Haut.« Der inzwischen verurteilte Holocaust-Verherrlicher ist der NPD beigetreten, und deren einstiger Bundesgeschäftsführer Frank Schwerdt bezeichnete dessen Parteimitgliedschaft als »einen Fortschritt im Kampf um die Köpfe«. Und was geschieht mit einer solchen Partei? Oberste Richter, Regierung und Bundestag debattieren, zaudern und schwanken, ob man sie verbieten soll oder nicht, obwohl die Bundesrepublik bereits 1973 bei der Begründung ihres Antrages auf Aufnahme in die UNO feierlich erklären ließ: »Das ausdrückliche Verbot von neonazistischen Organisationen und gleichfalls die Vorbeugung gegenüber neonazistischen Tendenzen folgen aus dem Grundgesetz mit der Wirkung, dass die von den alliierten und deutschen Stellen erlassene Gesetzgebung zur Befreiung des deutschen Volkes von Nationalsozialismus und Militarismus weiterhin in Kraft ist.«

In Berlin und in Karlsruhe kann man, so man will, feststellen, dass diese Bestimmungen zur »Entnazifizierung« nach wie vor Verfassungsgebot sind. Man muss sich allerdings die Mühe machen, das Grundgesetz zur Hand zu nehmen und Artikel 139 lesen. Da sind sie nachzulesen, aber die Verantwortlichen verhalten sich in diesem Fall wie Analphabeten.

Auch wenn es zuträfe, dass der Antifaschismus in der DDR »verordnet«, »instrumentalisiert« oder sonstwie lädiert gewesen sei – tausendmal besser als der erlaubte Faschismus war er allemal.

Bis 1988 war in Westdeutschland
die von der eigenen Forschung gestützte allgemeine Auffassung
verbreitet, dass die Wirtschaftsleistung je Einwohner in der
DDR vor derjenigen von England und Italien rangiere.
Eng in Verbindung mit der Korrektur dieser Bewertung
seit der Vereinigung steht auch die
Legende von der »total maroden DDR«.
Im Ergebnis der Deindustrialisierung durch
die Treuhandanstalt und ihrer nachgelassenen Schulden
wurde diese Legende von der »maroden DDR« tatsächlich im
öffentlichen Bewusstsein verfestigt. Sie diente schon immer
auch dem Ziel, die DDR nachträglich in den Augen
der Ostdeutschen zu delegitimieren
und ein ideelles »Trostpflaster« auf die sozialen Wunden der
hohen Arbeitslosigkeit in Ostdeutschland zu drücken.

Karl Mai,
Universität Bremen, September 2006
in: War die DDR bankrott und total marode?
Funktion und Wirklichkeit 1989

Lüge Nr. 4
Die marode Wirtschaft

Vom ehrenwerten langjährigen Wirtschaftsminister der Bundesrepublik und verurteilten Steuerbetrüger Otto Graf Lambsdorff stammt der Spruch, 40 Jahre Misswirtschaft der SED hätten dem Osten Deutschlands mehr Schaden zugefügt als der Zweite Weltkrieg. Nicht ganz so weit, aber ziemlich nahe kam dieser »Würdigung« der Aufbauleistungen der ostdeutschen Bevölkerung in den Nachkriegs- und DDR-Jahren die Eppelmann-Kommission des Bundestages. Sie sprach von der »kläglichen Schlussbilanz des wirtschaftlichen Systems in der DDR«, die »ein in vierzig Jahren Planwirtschaft bis in seine Grundstrukturen zerstörtes […] Land« gewesen sei.[33] Ihr Vorsitzender Rainer Eppelmann, der als Pfarrer und Christ das 9. Gebot kennen sollte (»Du sollst nicht falsch Zeugnis reden wider deinem Nächsten«), erklärte dazu in der Bundestagsdebatte: »So, wie wir nach dem Ende des von der ersten deutschen Diktatur ausgelösten Krieges unser zerstörtes Land wieder aufbauen mussten, so müssen wir heute nach dem Ende der zweiten deutschen Diktatur […] die neuen Länder gemeinsam wieder aufbauen.«[34]

Bis in die Gegenwart muss die Mär von der »maroden« Wirtschaft herhalten, wenn es darum geht, die Ostdeutschen zu ducken, die West- und Ostdeutschen zur »Solidaritäts«-Kasse zu bitten, die fatalen Folgen der Industriezerstörung in Ost- und die Massenarbeitslosigkeit in ganz Deutschland zu rechtfertigen. Des Ex-Kanzlers Schröder Superminister und Frau Christiansens langjähriger Lieblingstalkgast, Wolfgang Clement, damals noch SPD, hat es präzise zusammengefasst: »Womit wir in Deutschland als empfindlichstes Übel zu tun haben, gehört zur Hinterlassenschaft der Kommunisten: eine marode Staatswirtschaft, deren Zusammenbruch geradewegs in die Arbeitslosigkeit führte«.[35] Angesichts dieser Aussage des namhaften Vertreters des Kapitalismus in seiner neoliberalen Ausprägung drängt sich unwillkürlich die Frage auf, was denn der Kapitalismus 1945 den Antifaschisten, Sozialisten und Kommunisten im Osten Deutschlands »hinterlassen« hatte? Unsagbare Not und fürchterliches Elend, endlose Ruinenfelder waren das Erbe, auf dem der wirtschaftliche Wiederaufbau beginnen musste. Wie sahen die Ergebnisse dieses ungemein schweren Aufbaus aus, wie »marode« war die ostdeutsche Wirtschaft tatsächlich?

Kein ernsthafter Ökonom wird die wirtschaftliche Lage der DDR von 1989 schönreden. Nach Schätzungen des Deutschen Institutes für Wirtschaftsforschung (DIW) lag das Produktionsergebnis je Einwohner um etwa ein Drittel unter dem der BRD, nach späteren Berechnungen sogar um etwa 50 Prozent. Zugunsten der Sozialleistungen war die dringliche Erneuerung der Infrastruktur (Verkehrswege, Elektro-, Gas- und Wasserversorgung, Nachrichtenwesen, Krankenhäuser, Schulen etc.) sowie des zum Teil überalterten Maschinenparks von Jahr zu Jahr hinausgeschoben worden. Die Nettoausgaben und Geldfonds der Bevölkerung wuchsen schneller als die Warenfonds bzw. das produzierte Nationaleinkommen. Die Aufrechterhaltung niedriger Mieten, Tarife und Preise für den sogenannten Grundbedarf erforderte ständig größere Subventionen aus dem Staatshaushalt. Wie die Bundesrepublik lebte auch die DDR seit den 70er Jahren über ihre Verhältnisse.

Seriöse Wirtschaftswissenschaftler stimmen allerdings auch darin überein, dass die Ökonomie der DDR trotz gravierender Missstände und Disproportionen 1989/90 keinesfalls vor einem baldigen Zusammenbruch stand. Das DIW, dem in der Bundesrepublik in Fragen der DDR-

Wirtschaft die größte Sachkunde und Objektivität beige-
messen wurde, konstatierte 1987: »Die DDR ist im RGW
(Rat für gegenseitige Wirtschaftshilfe) überhaupt das Land
mit dem höchsten Leistungsniveau (und damit auch das
Land mit dem höchsten individuellen Lebensstandard).«[36]

»Die langfristigen DDR-Wachstumsraten brauchen den
Vergleich mit Westdeutschland nicht zu scheuen, wie neuere Untersuchungsergebnisse zeigen: Zwischen 1970 und
1989 stieg das Bruttoinlandsprodukt (BIP) je Einwohner in
der DDR auf 188,9 % und in der alten BRD auf 152,0 %.
Ähnliches gilt für eine Unterteilung dieser Zeitspanne: Von
1970 bis 1980 wuchs das BIP je Einwohner in der DDR
auf 147,9 %, in der alten BRD auf 129,1 %, also auch
schon schneller. Und von 1980 bis 1989 stieg das BIP je
Einwohner in der DDR auf 127,7 % und in der alten BRD
auf 117,7 %, also im letzten Jahrzehnt insgesamt ebenfalls
schneller«, heißt es in einer Studie der Universität Bremen
von 2006. »Dies ist das generelle Ergebnis der enormen
Anstrengungen der DDR zur wirtschaftlichen Entwicklung, das mit durchschnittlich 3,3 % zu höheren jährlichen
Wachstumsraten gegenüber der BRD in diesem ganzen
zwanzigjährigen Zeitraum führte«, so die Studie. »Dieser
statistische Langzeitbefund wird manchen Leser überra-
schen. Dieser Fakt beim BIP je Einwohner zeigt ab 1970
eine ungebrochen wachsende Leistungskraft der DDR, die
das Bild von der ›maroden DDR‹ deutlich aufhellt.«[37]

1988 erreichte das DDR-Nationaleinkommen ein Volu-
men von 258 Milliarden Mark, was einem Bruttosozialpro-
dukt von über 300 Milliarden DM entsprach. 65 Prozent
dieses Einkommens wurden von der Industrie produziert.
Der Außenhandelsumsatz betrug 1989 rund 84 Milliarden
DM, 48 Prozent des Exportes entfielen auf Maschinen,
Ausrüstungen und Transportmittel. Nicht wenige Zweige
der Volkswirtschaft, so die Erdöl- und Erdgaschemie, die
Veredlungsmetallurgie, der Schiffsbau und die Mikroelek-
tronik, hatten ein beachtliches Niveau erreicht. Laut dem

bundesdeutschen »Statistischen Jahrbuch 1990« betrug die Zahl der in der Industrie beschäftigten Arbeiter und Angestellten 3.211.000, allein der Maschinenbau zählte 962.000 Beschäftigte. Trotz nicht geringer Schwierigkeiten war die DDR ein entwickelter Industriestaat, der seinen Bewohnern Arbeits- und Ausbildungsplätze, einen respektablen Lebensstandard und viele soziale Leistungen sicherte, die heute in der Bundesrepublik als unfinanzierbar gelten.

Diejenigen, die an der Behauptung von der »maroden Wirtschaft«, vom ökonomischen Zusammenbruch, der kurz bevorstand, faseln, verweisen mit Vorliebe auf »Schürers Krisenanalyse«[37], eine Untersuchung der wirtschaftlichen Lage der DDR, die der Vorsitzende der Staatlichen Plankommission dem SED-Politbüro nach der Ablösung Erich Honeckers Ende Oktober 1989 vorlegte, und auf die angeblich geschönte DDR-Statistik.

Was die »Krisenanalyse« anbelangt, so zogen Gerhard Schürer und seine Mitverfasser tatsächlich eine äußerst kritische Bilanz der Wirtschaftsentwicklung in den vorangegangenen Jahren, in der hier bereits genannte negative Fakten enthalten sind. Aber die Kommentatoren verschweigen, dass die zugespitzt kritische Analyse die Absicht verfolgte, den Reformgegnern in der Führung den Ernst der ökonomischen Lage vor Augen zu führen. Unterschlagen wird deshalb auch, dass die Untersuchung ein ganzes Bündel von Vorschlägen, zur »Durchführung einer Wirtschaftsreform mit sofort wirksamen und langfristig wirkenden Maßnahmen« und für ein »konstruktives Konzept der Zusammenarbeit mit der BRD und mit anderen kapitalistischen Ländern wie Frankreich, Österreich, Japan, die an einer Stärkung der DDR als politisches Gegengewicht zur BRD interessiert sind«[38], enthielt.

Aus der Luft gegriffen ist auch die noch heute verbreitete Behauptung, die DDR-Statistiken seien manipuliert gewesen. Mit dem Anschluss der DDR hatte das Statistische Bundesamt das Statistische Amt der DDR übernommen und dessen Arbeitsweise und Datenmaterial einer Tiefenprüfung unterzogen. Sechs Monate später, Mitte April 1991, gab der Präsident des Amtes, Egon Hölder, das Ergebnis dieser Überprüfung bekannt. Zwar seien im Statistischen Jahrbuch »möglichst nur positiv eingeschätzte Ergebnisse veröffentlicht« worden, aber, so wurde festgestellt, die DDR-»Statistik zeichnete im Wesentlichen die Realität« nach.[39]

Die »marode Wirtschaft«, so behaupten die Aufarbeiter des »DDR-Unrechtstaates«, ist angeblich eine Folge der Planwirtschaft, gern auch »Kommandowirtschaft« genannt. Diese zigmal wiederholte Behauptung fand folgerichtig auch Eingang in den richtungsweisenden Beschluss des Stuttgarter CDU-Parteitages vom Dezember 2008 »Geteilt. Vereint. Gemeinsam«, mit dem die Gedenk- und Jubelfeiern zu den 20. Jahrestagen von Mauerfall und »Wiedervereinigung« propagandistisch vorbereitet wurden und in dem sie, leicht ausgeschmückt, so formuliert wurde: »Die sozialistische Planwirtschaft [...] hatte vollkommen versagt und tief greifende Erblasten für Mensch und Natur, Wirtschaft und Gesellschaft hinterlassen.«[40] Dieser Horrorbefund zielt auf den Nachweis, dass es zur kapitalistischen Marktwirtschaft mit ihrem Profithunger, ihrer Ellbogenmentalität und sozialer Ausbeutung keine Alternative gibt, schon gar keine, die sozialistische Züge trägt.

Mit Schweigen wird dabei ein weiterer aufschlussreicher Umstand übergangen. 1989 betrug das Bruttoinlandsprodukt je Einwohner in der DDR rund 56 Prozent des bundesdeutschen Niveaus. Das war ein enormer Rückstand mit letztlich fatalen Folgen. Aber ist er tatsächlich auf ein Versagen der sozialistischen Plan- und die Überlegenheit der kapitalistischen Marktwirtschaft zurückzuführen? Während die Marktfetischisten, alt- und neoliberale, diese Frage lauthals bejahen, sprechen die Fakten eine andere Sprache: 1950, vor Beginn des ersten Fünfjahrplans, hatte das Bruttoinlandsprodukt der jungen DDR noch lange nicht 56, sondern lediglich 38 Prozent des BRD-Niveaus erreicht. Trotz miserabler Ausgangslage im Osten verringerte sich der Abstand zu dem mit dem Marshall-Plan gestarteten westdeutschen »Wirtschaftswunderland«. Das durchschnittliche Wirtschaftwachstum war beständig höher als in der Bundesrepublik, selbst in den kritischen 1980er Jahren um 0,6 Prozent.[41] Von stürmischer Aufholjagd konnte zwar nicht die Rede sein, aber der Abstand verringerte sich eben dank der ökonomisches Neuland beschreitenden Planwirtschaft, obwohl sie sich keinesfalls optimal entwickelte und das Kopieren fragwürdiger sowjetischer Erfahrungen sowie voluntaristische Entscheidungen von Wirtschaftskommissaren vom Schlage eines Günter Mittag sie zusätzlich beeinträchtigten. Nein, »bis zum Sommer 1989 sprach«, wie die *Blätter für deutsche und internationale Politik* konstatierten, »nichts für eine wirtschaftliche Endzeitsituation«.[42] Trotz nicht geringer Schwierigkeiten, struktureller Probleme und Disproportionen konnten die Bürgerinnen und Bürger der DDR auf ein auch international beachtetes Aufbauwerk zurückblicken: Wirtschaftlich erreichte die DDR 1950 das Vorkriegsniveau, sie verdoppelte es bis 1955. 1989 übertraf sie den Stand von 1936 13fach und den 1945 vorgefundenen Stand 30fach.[43]

Erreicht wurden diese Ergebnisse unter Umständen, wie sie ungünstiger kaum hätten sein können: weitaus größere Kriegszerstörungen als in Westdeutschland, gewaltige ökonomische Disproportionen, äußerst schwache Energiebasis, so gut wie keine Grundstoffindustrie, immense Reparationsleistungen für ganz Deutschland mit einem Gesamtwert von 99,1 Milliarden DM (das entsprach 97 Prozent der gesamtdeutschen Reparationen), erzwungene Einbindung in das osteuropäische, ökonomisch und technologisch weit zurückliegende Wirtschaftssystem, Handelsdiskriminierungen und -sanktionen seitens der BRD und ihrer Verbündeten, gezielte Abwerbung von Facharbeitern und Spezialisten, Embargopolitik im Bereich der Hochtechnologie.

Was die von von der Sowjetunion geforderten Reparationen anbelangt, so verweigerte die BRD ihren Beitrag, den die DDR dann übernehmen musste. Auch als der Bremer Prof. Arno Peters 1989 einen neuen Anlauf zum Lastenausgleich unternahm, nachdem er diesen bereits 1964 eingefordert hatte. Er legte Berechnungen der westlichen Schuld mit Zins und Zinseszins vor und kam dabei auf eine Gesamtsumme von 727 Milliarden D-Mark. »Das war die Bremer Initiative, an der sich 55 Professoren der Bremer Universität und fünf Senatoren der Hansestadt beteiligten, darunter auch der Bürgermeister Dr. Scherf«, erinnerte Peters im *Neuen Deutschland* am 25. Juni 1994.

Als Ministerpräsident Hans Modrow mit einer DDR-Regierungsdelegation am 14. Februar 1990 bei Kanzler Kohl weilte und vergeblich einen ersten Lastenausgleich von zehn bis 15 Milliarden DM verlangte, hatte sich Prof. Peters mit dem DDR-Regierungschef getroffen. »Ich hatte ihn um ein Gespräch gebeten. [...] Ich habe Modrow und seinen Mitarbeitern gesagt, dass sie nicht als Bittsteller kämen, sondern eine Schuld einzufordern hätten.«

Peters sagte unmissverständlich im *ND*-Interview vom 25. Juni 1994: »Was haben wir, die Bundesrepublik, denn mit der DDR gemacht? Wir haben ihr nicht nur den Ausgleich für die geleisteten Reparationen vorenthalten; jahrelang, als unsere Wirtschaft mehr Aufträge hatte, als sie mit ihren Arbeitskräften erledigen konnte, haben wir Arbeitskräfte aus der DDR herüber geholt. Das waren überwiegend junge, gut ausgebildete Menschen, die in der DDR dringend gebraucht wurden, ein gewaltiger Aderlass, den man von der Größenordnung her durchaus den Reparationen gleichsetzen kann. Dann haben wir in der ganzen Welt unseren Einfluss geltend gemacht, um die DDR zu isolieren, nicht nur politisch, sondern, was viel schlimmer war, wirtschaftlich. Die DDR [...] musste alles auf irgendwelchen krummen Wegen besorgen, ob Rohstoffe oder moderne Technik wie Computer usw.«

Trotz alledem hatte sich die DDR nicht nur ökonomisch

behauptet, sondern Ergebnisse erzielt, die den internationalen Vergleich nicht scheuen mussten. Sie gehörte vielleicht nicht, wie es in Reden führender DDR-Politiker immer wieder hieß, zu den zehn größten Industriestaaten der Welt – dafür war sie zu klein und zu den 15 oder 20 größten zu gehören, wäre auch nicht ehrenrührig gewesen –, aber immerhin lag sie hinsichtlich des Bruttoinlandsproduktes pro Kopf der Bevölkerung knapp hinter Großbritannien und weit vor den EU-Ländern Spanien, Griechenland und Portugal.

Heute nach dem »Aufbau Ost«, der laut dem verdienstvollen Rote-Socken-Bekämpfer und Ex-CDU-Generalsekretär Peter Hintze die »beeindruckendste Erfolgsgeschichte in diesem Jahrhundert« gewesen sei, ist infolge der Wirtschaftskatastrophe von 1990, verursacht durch die überhastete Währungsreform und die Verteuerung der ostdeutschen Industrieprodukte um das Drei- bis Vierfache, sowie der nachfolgenden Deindustrialisierung aus einem sich selbst tragenden Wirtschaftsstandort mit hohen sozialen Leistungen ein Entwicklungsgebiet innerhalb der EU geworden, in das Jahr für Jahr viele Milliarden Euro vorrangig zur Abmilderung der sozialen Folgen der Anschlusspolitik gepumpt werden müssen.

Unvergessen sind die Verdienste der Treuhandanstalt, des für ihre Kontrolle verantwortlichen Finanzministers Theo Waigel und seines für die Rechts- und Fachaufsicht zuständigen Staatssekretärs Horst Köhler, des nachmaligen Bundespräsidenten, an der Zerschlagung der DDR-Industrie, die die Zeitschrift *metall*, Organ der IG Metall, als »die wohl größte Vernichtung von gesellschaftlichen Reichtum zu Friedenszeiten«[44] nannte.

Der Finanzminister ließ es sich nicht nehmen, der Anstalt dafür den Dank des Vaterlandes auszusprechen. In der Debatte des Bundestages zum Bericht des Treuhand-Untersuchungsausschusses erklärte er: »Die Treuhandanstalt hatte im Auftrag der Bundesregierung den größten und wahrscheinlich schwierigsten Teil der Aufgabe zu übernehmen, nämlich die gescheiterte Planwirtschaft der DDR in die Soziale Marktwirtschaft zu transformieren. Es galt vor allem, das staatliche Eigentum an Produktionsmitteln in privates, unternehmerisches Eigentum zu überführen. [...] Wir danken allen, die innerhalb und außerhalb der Treuhandanstalt ihre Pflicht und noch viel mehr getan haben. Das war und ist Einsatz für Deutschland und Hingabe an unser Vaterland, das wir wiedergewonnen haben.«[45]

Wer noch heute im westlichen Teil der Bundesrepublik auf dem hohen Ross sitzt und geringschätzig auf die Arbeitsergebnisse der Ostdeutschen unter den Bedingungen der Planwirtschaft blickt und die leistungsstarke BRD-Wirtschaft mit der »maroden« DDR-Ökonomie vergleicht, sollte sich wenigstens einen kurzen Moment lang einmal vorstellen, wie der Vergleich ausfallen würde, wenn sich die beiden deutschen Staaten unter umgekehrten ökonomischen Bedingungen hätten entwickeln müssen?

Stellen wir also die, zugegeben, sehr hypothetische Frage, welche Ergebnisse die Bundesrepublik erzielt hätte, wenn auf ihrem Territorium die Kriegsschäden größer und die durch die Spaltung Deutschlands verursachten wirtschaftlichen Disproportionen wesentlich stärker als die im Osten gewesen wären, wenn sie statt Marshallplanhilfe zu erhalten die riesige Reparationsschuld für ganz Deutschland hätte abtragen müssen. Wenn sie statt der aus dem Krieg gestärkt hervorgegangenen USA sowie Großbritannien, Frankreich und der anderen hochentwickelten westeuropäischen Länder die vom Krieg zerstörte Sowjetunion und die weit zurückgebliebenen Länder Osteuropas über Jahrzehnte als Wirtschaftspartner an ihrer Seite gehabt hätte, wenn sie durch Embargomaßnahmen keinen gleichberechtigten Zugang zum Weltmarkt und zur Hochtechnologie gehabt hätte und zudem mit einem ökonomisch potenten Nachbarstaat konfrontiert gewesen wäre, der nichts unversucht gelassen hätte, ihr das Lebenslicht auszublasen?

Natürlich, jegliche Was-wäre-wenn-Diskussion ist unfruchtbar, historische Abläufe verändert sie nicht. Aber eine Schlussfolgerung lässt sie im vorliegenden Falle zu: Der ökonomische Wettbewerb zwischen Kapitalismus und Realsozialismus fand auf deutschem Boden unter höchst ungleichen Bedingungen statt, die im wirschaftlichen Konkurrenzkampf als unlauter und im Sport schlicht und einfach als unfair bezeichnet werden würden. Der Umstand, dass die kapitalistische Marktwirtschaft über jahrhundertlange Erfahrungen verfügt, die realsozialistische Planwirtschaft dagegen häufig über ein Experimentierstadium nicht hinauskam und wiederholte Reformversuche im Gestrüpp ideologischer Doktrinen und Bündnispflichten hängenblieben, hat diese Ungleichheit zusätzlich vertieft.

So bleibt auch die These, dass der Kapitalismus dem Sozialismus ökonomisch haushoch überlegen ist, anfechtbar. Auf deutschem Boden jedenfalls wurde ein überzeugender Beweis dafür, der gleiche Bedingungen erfordert hätte, nicht erbracht. Das Gerede von der »maroden« Wirtschaft kann daran nichts ändern.

Zudem verbrauchten Staat und Bevölkerung über Jahre mehr Sachgüter und Dienstleistungen, als im eigenen Land hergestellt wurden. Dies finanzierte die DDR hauptsächlich durch zusätzliche Kredite in Westdeutschland. […] Der Staatsbankrott war unvermeidlich.

Magazin für Wirtschaft und Finanzen,
Heft 7/2009
Herausgeber: Die Bundesregierung

Lüge Nr. 5
Die DDR
vor dem Staatsbankrott

Im Oktober 2004 veröffentlichte *Die Welt* unter der Überschrift »Unsere Republik geht pleite« einen Bericht zur Auslandsverschuldung der DDR. Schon seine einleitenden Sätze offenbarten die ganze Dramatik der Lage, in der sich das überschuldete Land befand: »Jetzt aufgearbeitete Stasi-Akten zeigen die obskuren Pläne, mit denen die DDR Anfang der 80er Jahre den drohenden Staatsbankrott abzuwenden versuchte. Eine Idee: Gegen Übernahme von Auslandsschulden wird nahezu die komplette DDR-Wirtschaft an die Sowjetunion verkauft.«[46]

Der Horrorbericht lag ganz auf der Linie der Erkenntnisse, zu denen die Eppelmann-Kommission nach dreijähriger mühevoller Arbeit in ihrem Schlussbericht gelangte. Obwohl eingeräumt wurde, dass es »über die Frage, wie hoch die Westverschuldung tatsächlich war […] bis heute keine endgültige Klarheit« gibt[47], feierte darin das Schreckgespenst des »stets drohenden Staatsbankrotts«[48] der DDR Wiederauferstehung. Noch totenbleicher und schauriger schlich es sich durch die CDU/CSU-Fraktion im Bundestag, deren Sprecher Dr. Peter Ramsauer in der Haushaltsdebatte im Parlament am 26. November 1999 zur Rechtfertigung der Waigelschen Finanzpolitik in den 90er Jahren tatsächlich behauptete, »die Bundesrepublik [habe] mit der Vereinigung 400 Milliarden DM Altschulden des SED-Regimes […] übernommen«.[49]

Welch enormes Volksvermögen die Bundesrepublik mit dem Anschluss der DDR übernahm, darüber schweigen sich sowohl die CDU-CSU als auch der Eppelmannsche Schlussbericht aus.

Die Angaben über die Verschuldung haben eine gewisse Ähnlichkeit mit den bekannten Jerewan-Witzen. Im Prinzip stimmen sie, nur die Höhe entspricht nicht ganz der Wirklichkeit.

Die DDR hatte tatsächlich Schulden gemacht. Die Verschuldung gegenüber den westlichen Ländern war beträchtlich, sie hing wie ein Bleigewicht am Hals der DDR-Wirtschaft.

Maßgeblich für die Bestimmung der Verbindlichkeiten ist jedoch nicht, was einige DDR-Ökonomen in den Wirren des Herbstes 1989 in panischer Eile und ohne exakte Kenntnisse meldeten (49 Milliarden Valutamark bzw. 26 Milliarden Dollar), sind auch nicht die Phantasmagorien der SED-Diktatur-Aufarbeitungs-Kommission und schon gar nicht die Hirngespinste der CDU/CSU. Zutreffend sind die Angaben, die der ehemalige stellvertretende Vorsitzende der DDR-Plankommission, zuständig für Gesamtrechnung und Plankoordination, Siegfried Wenzel, machte, zumal er sich auf eine Institution berufen kann, die jeder übertriebenen Zuneigung für das »SED-Regime« unverdächtig ist.

Wenzel schrieb: »Im August 1999, d. h. zehn Jahre nach dem Anschluss der DDR (*und drei Monate vor Ramsauers Fabelei – R. H.*) legte die Deutsche Bundesbank einen autorisierten Bericht über ›Die Zahlungsbilanz der ehemaligen DDR 1975 bis 1989‹ vor, den man wohl als die umfassendste [...] endgültige offizielle Version zu dieser Frage betrachten kann. Darin wird für 1989 eine Nettoverschuldung der DDR gegenüber westlichen Valutaländern in Höhe von 19,9 Milliarden Valutamark (VM) ausgewiesen, was einer Dollargröße von rund 12 Milliarden zum damaligen Kurs entspricht. Zurückhaltend formuliert, drückt sich darin eine wesentliche Entdramatisierung der Schuldensituation [...] aus, die häufig als Hauptindiz für die angebliche ›Pleite‹ der DDR angeführt wird.«[50]

Noch weniger kann davon die Rede sein, wenn die Guthaben in Höhe von 3,6 Milliarden DM berücksichtigt werden, die die DDR gegenüber der Sowjetunion und anderen RGW-Ländern hatte, die vor allem aus den Investitionsbeteiligungen am Bau der transkontinentalen Erdgas- und Erdölleitungen herrührten und die die Bundesrepublik generös auf ihren Konten verbuchte. Umso kurioser ist die auch heute noch verbreitete Mär, der 1983 von Franz-Josef Strauß eingefädelte »Milliardenkredit« habe die DDR vor dem finanziellen Bankrott bewahrt. Der Kredit war willkommen, er bewies dem internationalen Finanzmarkt die Kreditwürdigkeit der DDR. Aber die abgerufene Milliarde war nicht einmal ein Fünftel des Guthabens, über das die DDR zu jenem Zeitpunkt nach Unterlagen der Bank für Internationalen Zahlungsausgleich in Basel verfügte.

Wenn auch von Verbindlichkeiten gedrückt, so war die DDR an keinem Tag ihrer Existenz zahlungsunfähig. Von einem »Staatsbankrott« als Folge einer »finanziellen Pleite« kann keine Rede sein. Wenn der Schuldengeier über deutschen Landen kreiste, dann schon eher über westdeutsche Gefilden.

Aufschlussreich ist ein Vergleich der »Schulden« beider Teile Deutschlands zum Zeitpunkt der Währungsunion. Zum 1. Juli 1990 betrugen die internen Schulden des DDR-Staatshaushaltes 28,0 Milliarden DM, die Wohnungsbaukredite – die hier angeführt werden, obwohl es gute Gründe gibt, sie nicht zu den Staatsschulden zu zählen – 38 Milliarden DM und die Verschuldung der DDR gegenüber dem Westen 19,9 Milliarden DM. Damit brachte die DDR eine Gesamtschuld von 86,3 Milliarden DM in die staatliche Einheit ein. Die gesamte Schuld der öffentlichen (staatlichen und kommunalen) Haushalte der Bundesrepublik belief sich zu diesem Stichtag auf 924 Milliarden DM. Allein im Jahrzehnt bis zur Währungsunion hatte sich die bundesdeutsche Staatsschuld verdoppelt, ein Wachstumstempo, das sich auch danach nicht änderte.

Obwohl die DDR unvergleichlich weniger auf Pump gelebt hatte als die BRD, wurde die Verschuldung der öffentlichen Hand brüderlich und schwesterlich geteilt. Wenn schon nicht bei den Renten, Löhnen, Gehältern und schon gar nicht in den Köpfen, so wurde die Einheit wenigstens in der Pro-Kopf-Verschuldung herbeigeführt.

Vor dem Anschluss der DDR an den westdeutschen Schuldenstaat lag sie im Osten bei 5.298 DM und im Westen bei 16.586 DM. Danach betrug sie für alle Deutschen vom Rhein bis an die Oder, vom Säugling bis zum Greis 12.841 Mark.

Statistisch gesehen übernahmen die neuen Bundesbürger pro Kopf 7.543 Mark der BRD-Schulden. Auch in dieser Beziehung erwies sich das an die DDR-Bürger großzügig gezahlte 100 DM Begrüßungsgeld als eine vorteilhafte Investition. Gegenwärtig zeigt die bundesdeutsche Schuldenuhr eine Pro-Kopf-Verschuldung von über 21.650 Euro an, nahezu das Achtfache der DDR-Summe.

Und noch ein Umstand gerät häufig außer Acht: Die DDR war 1989/90 so was von pleite, dass westdeutsche Banken und Versicherungen mit Freude vollständig das ostdeutsche Filialnetz übernahmen. Das erste große Geschenk erhielten sie mit der Währungsunion. Als einziges großes gesellschaftliches Vermögen wurde das Eigenkapital der DDR-Banken bei der Währungsunion 1:1 umgestellt. (Der Durchschnitt bei der Umstellung der Betriebs-, Bevölkerungs- und Bankenvermögen betrug hingegen 1,81:1). Der eigentliche Bankendeal erfolgte aber durch die von der Bundesregierung beschlossene »Altschuldenregelung« für die volkseigenen Betriebe. 80 Prozent aller ehemaligen VEB wurden von DDR-Krediten »entlastet«.

Die Banken der DDR – mit Ausnahme der Staatsbank, der Sparkassen und der Genossenschaftsbanken – wurden durch die Treuhand übernommen. Bei ihrer Privatisierung gingen die »finanziellen Altschulden« als offene, einklagbare Forderungen auf die kaufende Bank über. Diese Forderungen wurden zu Geschenken der Treuhand an die neuen Eigentümer – die kaufende oder »erbende« Bank –, indem sie für diesen »Erbteil« keinen Kaufpreis zu zahlen hatten.

Damit die übernehmenden Banken die ihnen geschenkten Forderungen in jedem Fall realisieren konnten, wurde im Vertrag über die Schaffung der Währungs-, Wirtschafts- und Sozialunion festgelegt (Anlage 1, § 4, Art. 8), dass bei Zahlungsunfähigkeit des Schuldners die Bundesregierung eintrete. Dazu wurde zu Lasten der Steuerzahler der sogenannte »Ausgleichsfonds« – heute als »Erblastentilgungsfonds« bezeichnet – geschaffen.

Bis September 1995 betrugen die Ausgleichsforderungen gegenüber dem Bund annähernd 100 Milliarden DM.

Die mit Absicht gewählte Bezeichnung »Erblasten« diskriminierte die ehemaligen DDR-Bürger als Schuldner. Gleichzeitig suggerierte diese Bezeichnung dem westdeutschen Bürger, dass er fremde, also ostdeutsche finanzielle Schulden tragen müsse.

Neben dem Geschenk der offenen Forderungen erhielten die übernehmenden Banken eine weitere »milde Gabe«. Die Treuhand verkaufte die Banken der DDR zu unverhältnismäßig niedrigen Preisen. So zahlte die Berliner Bank für das aus der Staatsbank der DDR ausgegliederte Berliner Stadtkontor lediglich 49 Millionen DM, übernahm aber gleichzeitig Altschuldenfonds in Höhe von 11,5 Milliarden DM.

Insgesamt verkaufte die Treuhand an die Banken Forderungen in Höhe von 44 Milliarden DM und begnügte sich dafür mit einem Erlös von 0,8 Milliarden DM. Damit betrugen die vom Bund über Steuergelder abgesicherten und für die Banken einklagbaren Forderungen das 55-fache des von den Westbanken gezahlten Übernahmebetrages, laufende Zinsen nicht mitgerechnet.

Der Gewinn der Banken 1990 aus der »Aneignung« des Ostens wird auf 150 bis 200 Milliarden DM geschätzt.

In der Nacht zum Sonntag, dem 13. August 1961,
erteilte SED-Chef Walter Ulbricht den Befehl zur Abriegelung
der Sektorengrenze.
Die Einsatzleitung oblag Politbüro-Mitglied Erich Honecker.

Magazin für Infrastruktur und die neuen Länder
Sonderausgabe 10/2009
Herausgeber: Die Bundesregierung

Lüge Nr. 6
Die Alleinschuld der DDR an der Mauer

Am 13. August 2001 hielt Bundespräsident Johannes Rau eine Fernsehrede. Wie am Datum zu erkennen, war es keine gewöhnliche Rede. Deutschland beging den 40. Jahrestag der Errichtung eines Bauwerkes, das die meisten »Mauer« und die DDR-Hasser »Todesmauer« nennen. An den öffentlichen Gebäuden im ganzen Land waren die Flaggen auf Halbmast gesetzt und an den Gedenkstätten der inzwischen längst niedergerissenen Baulichkeit wurden Kränze und Blumengebinde niedergelegt.

In seiner Rede führte das Staatsoberhaupt aus: »Heute vor vierzig Jahren hat auf Befehl der Führung der DDR der Bau der Berliner Mauer begonnen. [...] Alle weltpolitische Einordnung und alle Hinweise auf die Blockkonfrontation ändern nichts daran: Der Bau der Mauer war ein Verbrechen gegen das eigene Volk. [...] Die Berliner Mauer hat ungezählten Frauen und Männern Leid gebracht. [...] Diese mörderische Grenze mitten durch Berlin und mitten durch Deutschland war das Kainsmal eines Regimes, das Machterhalt und Ideologie über Menschenrecht und Menschenwürde gestellt hat.«[51] Die Rede war kurz und hinsichtlich der Benennung der Verantwortlichen für die Errichtung der Mauer nicht gerade originell.

Schon Amtsvorgänger Roman Herzog hatte den »Bau der Berliner Mauer« in einer Rede vor der Enquete-Kommission »SED-Diktatur« zum Thema »Wege ins Offene – Erfahrungen und Lehren aus den Diktaturen des 20. Jahrhunderts« als einen der »Akte der DDR-Führung gegen die eigene Bevölkerung« bezeichnet. Und auch Herzog hatte sich in seiner Einschätzung an die Argumentation gehalten, die der erste Kanzler der Bundesrepublik, Konrad Adenauer, am Tag der Grenzschließung am 13. August 1961 in einer ersten Erklärung gebrauchte, als er gegen »die Machthaber der Sowjetzone« wetterte und von der »Willkür des Pankower Regimes« sprach.[52]

All diesen Erklärungen ist gemeinsam, dass sie ein geschichtliches Ereignis aus seinem nationalen und internationalen Kontext reißen und zu einem Akt subjektiver Willkür machen. Seinen sichtbaren Ausdruck findet diese ahistorische Sicht in der chronologischen Aufzählung der Beschuldigungen im sogenannten Mauerprozess gegen Honecker und andere SED-Politbüro-Mitglieder vor dem Berliner Landgericht. Diese begann mit der Feststellung: »Am 12. August 1961 ordnete der Angeschuldigte Honecker als Sekretär des NVR (Nationalen Verteidigungsrates) und Sekretär für Sicherheitsfragen beim Zentralkomitee der SED an, die Grenzanlagen um Berlin (West) und die Sperranlagen zur Bundesrepublik Deutschland auszubauen, um ein Passieren unmöglich zu machen.«[53]

Die Errichtung der Mauer, letztlich ein welthistorisches Faktum, auf die Anordnung eines einzelnen Menschen, wie es das Gericht zu tun beliebte, oder auf »den Befehl der Führung« eines relativ kleinen Staates zurückzuführen, wie es Präsident Rau formulierte – absurder kann die Sicht auf ein geschichtliches Ereignis kaum sein. Sie veranlasste mich – und ich bitte die verehrten Leserinnen und Leser zu verzeihen, dass sich der Autor ausnahmsweise einmal selbst ins Spiel bringt – kurz nach der denkwürdigen Präsidenten-Ansprache einen Brief an den Redner zu schreiben:

Verehrter Herr Bundespräsident Johannes Rau,
gestatten Sie mir, Ihnen auf diesem Wege für Ihre Fernsehrede zum 40. Jahrestag des Mauerbaues zu danken. Sie war angenehm kurz und aufschlussreich …

Auf alle Fälle brachte die Kürze Ihrer Ausführungen Sie in die vorteilhafte Lage, nicht auf die konkreten historischen Zusammenhänge, die vielfältigen Faktoren einzugehen, die zur deutschen Spaltung, zur Grenze auf deutschen Boden und schließlich zum 13. August 1961 führten. Wozu auch, hatte doch ihr Vor-Vorgänger Richard von Weizsäcker bereits 1983, zum 50. Jahrestag der faschistischen Machtergreifung, im Berliner Reichstagsgebäude gesagt, was in Deutschland nicht vergessen werden sollte.

Er hatte u. a. ausgeführt: »Am 30. Januar 1933 brach die Weimarer Republik zusammen. In allernächster Nähe von diesem Platz, an dem wir versammelt sind, leuchtete am Abend des 30. Januars ein Fackelzug den Beginn der nationalsozialistischen Zwangsherrschaft ein. [...] Sie hat unsägliches Leid über viele Millionen unschuldiger Menschen mit sich geführt. [...] Sie hat den Gang der Geschichte grundlegend verändert. [...] Wie ein mahnendes Monument steht dieser Reichstag an der Mauer, die bis auf den heutigen Tag Berlin, Deutschland und Europa teilt. Aber es gäbe diese Mauer nicht ohne den 30. Januar 1933.«[54]

Warum sollten Sie, verehrter Herr Bundespräsident, das oder Ähnliches wiederholen? Sie beschränken sich auf die apodiktische Feststellung, dass »alle weltpolitischen Einordnungen und alle Hinweise auf die Blockkonfrontation«, auf die Sie mit keinem einzigen Wort näher eingehen, nichts daran ändern: »Der Bau der Mauer war ein Verbrechen gegen das eigene Volk«, um wenig später hinzuzufügen: »Diese mörderische Grenze mitten durch Berlin und mitten durch Deutschland war das Kainsmal eines Regimes, das Machterhalt und Ideologie über Menschenrecht und Menschenwürde gestellt hat.« Ja, verehrter Herr Bundespräsident, das sind wahrlich schwere Geschütze, die Sie im Fernsehen zum Jubiläumstag auffuhren. Ich frage mich nur, ob Sie sie auch während ihrer freundlichen und aufgeschlossenen Begegnungen mit dem seinerzeitigen DDR-Staatsoberhaupt abfeuerten? Ich hege ernsthafte Zweifel. Zweifelhaft ist auch die Charakterisierung des Mau-

*erbaues als »ein Verbrechen gegen das eigene Volk«, auch wenn
ein gewesener Vorsitzender der linken Partei im Bundestag ihr
nachträglich zugestimmt haben soll. »Verbrechen gegen das
eigene Volk« – das ist gewissermaßen eine Steigerung des Ver-
brechens, ein Verbrechenssuperlativ. Aber was ist mit den Verbrechen gegen fremde Völker? Sind sie weniger verbrecherisch?
War die Teilnahme der Bundesrepublik am mörderischen
NATO-Krieg gegen Jugoslawien weniger verbrecherisch als der
Mauerbau, mit dem »die befürchtete Kriegsgefahr abgewendet
wurde«, wie nicht etwa Peter Porsch, sondern Willy Brandt
formulierte? Offensichtlich doch, wie sonst hätten Sie dieser
Teilnahme im Frühjahr 1999 zustimmen können?*

*Freilich, Sie taten es »mit zerrissenem Herzen«, wie Sie in
Ihrer Rede nach Ihrer Vereidigung eingestanden. Aber Sie bil-
ligten den Angriffskrieg, in dem Menschenrecht und Menschenwürde, ja das Lebensrecht der Jugoslawen unter die
Machtziele der USA und der NATO gestellt wurden. Wie es
scheint, haben Sie in Kürze wieder einmal Gelegenheit, sich
Ihr Herz zerreißen zu lassen. Die am 13. August auf Halbmast gesetzte Staatsflagge weht wieder hoch am Mast, und
wenn alles gut geht, kann sie unseren tapferen Truppen auch
in Mazedonien voranwehen, wenn es gilt, das von der NATO
in eine tiefe Krise gestürzte kleine Balkanland zu befrieden.
So freue ich mich denn schon auf Ihre nächste Rede – nicht zu
Weihnacht oder zum Jahreswechsel, sondern zur Teilnahme
der Bundeswehr am neuen Friedenseinsatz auf dem Balkan
oder zum 3. Jahrestag des Überfalls auf Jugoslawien. Hoffent-
lich wird sie wieder so schön kurz, aufschlussreich und herz-
zerreißend.*

Mit freundlichen Grüßen
R. Hartmann

So lautete der Brief. Abgeschickt an die präsidiale Adresse,
Schloss Bellevue, Spreeweg 1, 10557 Berlin, habe ich ihn
nicht. Der Grund dafür war nicht die Befürchtung, dass es
mir, einem nach damals elf Jahren staatlicher Einheit noch

immer neuen und nach ostdeutschem Lohn- und Rentenniveau höchstens 87-prozentigen Bundesbürger nicht zustehen könnte, mich geradewegs an den Herrn Bundespräsidenten zu wenden, sondern die Gewissheit, dass das Schreiben doch nur im Posteingangskorb eines subalternen Beamten landen würde. Die Zweiwochenschrift für Politik/Kultur/Wirtschaft *Ossietzky* war dennoch so freundlich, den nicht abgeschickten Brief zu veröffentlichen.[55]

Der im Brief angeführte Rau-Vor-Vorgänger ist bei weitem nicht der einzige, der die Errichtung der Mauer in ihrem tatsächlichen historischen Zusammenhang sieht. Zu den vielen, die die Alleinschuld der DDR ins Reich der Fabel verwiesen, gehörte auch Stefan Heym, häufig ein scharfer Kritiker des Arbeiter- und Bauernstaates. In seinen 1986 unter Anonym erschienenen »Einführenden Bemerkungen eines Reiseführers vor einem Reststück der Mauer« schrieb der weltbekannte Schriftsteller und Kämpfer gegen den Faschismus: »Wer waren die Baumeister, wer inspirierte, verursachte, veranlasste die Errichtung eines so einzigartigen Werkes moderner Bautechnik?

Der Schriftsteller Stefan Heym, der die Gelegenheit hatte, die Gründe des Mauerbaus von Amerika wie von Deutschland aus zu erforschen und auf dessen Gedanken meine Ausführungen hier und da Bezug nehmen, nennt in diesem Zusammenhang vornehmlich Adolf Hitler, Harry Truman, Konrad Adenauer und auf östlicher Seite Jossif Wissarionowitsch Stalin und den seit je an städtebaulichen Fragen interessierten Walter Ulbricht; er fügt jedoch hinzu, wie die Geschichte denn überhaupt nur in begrenztem Maße von Einzelpersonen gemacht werde, seien auch hier größere Kräfte im Spiel gewesen, denen die Genannten untertan waren. Vereinfacht gesagt, und damit Sie, meine Damen und Herren, sich ein Schema machen können: Ohne Hitler kein Krieg und ohne Krieg kein Vorrücken der Sowjetmacht bis in die Mitte von Deutschland; ohne Hitler also keine Teilung Deutschlands in ein östliches und westliches Besatzungsgebiet. Die Anfänge der Mauer liegen demnach in jener Nacht im Januar 1933, als auf der Wilhelmstraße in Berlin SA und SS fackeltragend an ihrem Führer vorbeimarschierten …«[56]

Stefan Heym ist Punkt für Punkt zuzustimmen, nur seine Feststellung, dass es »ohne Hitler […] keine Teilung Deutschlands in ein östliches und westliches Besatzungsgebiet« gegeben hätte, bedarf einer Ergänzung. Diese ist umso angebrachter, da von einigen Geschichtsfälschern noch immer versucht wird, die längst widerlegte Mär aufrechtzuerhalten, Deutschland sei in den Jahren nach dem Zweiten Weltkrieg vom Osten, von den Kommunisten, gespalten worden. Nicht zufällig wurde die schwarz-rot-goldene Fahne mit Hammer und Zirkel im Ährenkranz als »Spalterfahne« bezeichnet. Dabei war die Einführung der Flagge der DDR am 7. Oktober 1959, dem 10. Gründungstag, der einzige symbolische trennende Schritt, mit dem der ostdeutsche Staat dem westdeutschen vorangegangen war. Allein schon die chronologische Abfolge der staatlichen Spaltung Deutschlands, das von den Siegermächten der Antihitlerkoalition im Potsdamer Abkommen als wirtschaftliche Einheit betrachtet wurde, zeigt, wer sie Schritt für Schritt vollzogen hat: 1947 und 1948 wurden die westlichen Besatzungszonen zur Bi- und später zur Tri-Zone zusammengeschlossen. Am 20. Juni 1948 wurde die einheitliche Währung aufgespalten und in Westdeutschland und in Westberlin statt der bis dahin gültigen Reichsmark eine separate Währung eingeführt, die die bestehenden Wirtschaftsbeziehungen sprengte. In der Ostzone erfolgte dieser Schritt gezwungenermaßen vier Tage danach, am 24. Juni. Die Gründung der Bundesrepublik Deutschland erfolgte am 7. September 1949, die der DDR am 7. Oktober desselben Jahres. Am 9. Mai 1955 trat die BRD der NATO bei, fünf Tage danach, am 14. Mai, wurde die DDR Gründungsmitglied des Warschauer Vertrages.

So wie Westdeutschland bei allen Spaltungsschritten entschlossen voranging, so entschieden wiesen seine Führer alle

Vorschläge zur Wiederherstellung der staatlichen Einheit Deutschlands zurück. Auf der Münchner Konferenz aller deutschen Landesministerpräsidenten 1947 lehnten es die westdeutschen Vertreter ab, eine Erörterung der Frage der deutschen Einheit in die Tagesordnung aufzunehmen. Die gesamtdeutsche »Volkskongressbewegung für Einheit und gerechten Frieden« von 1947 bis 1949 wurde von den Führungen der westdeutschen CDU, SPD und Liberalen boykottiert. Spätere DDR-Initiativen unter der Losung »Deutsche an einen Tisch« oder zur Bildung einer gesamtdeutschen Konföderation wurden ignoriert. Gegner der Remilitarisierung, die für eine Wiedervereinigung Deutschlands eintraten, wurden verfolgt. Statt auch nur mit einer einzigen eigenen Initiative einen Weg zur friedlichen Wiederherstellung der deutschen Einheit zu suchen, forderten die westdeutschen Führungskreise hartnäckig die »Befreiung der Zone«. Die letzte große Chance, die durch die sogenannte Stalin-Note vom 10. März 1952 den Westmächten geboten wurde, schlug man aus.

In der sowjetischen Note war angeboten worden, freie gesamtdeutsche Wahlen abzuhalten, binnen eines Jahres nach der Unterzeichnung eines Friedensvertrages alle ausländischen Truppen von deutschem Boden abzuziehen und Deutschland in die UNO aufzunehmen. Einzige Bedingung war die Verpflichtung Deutschlands, keinem gegen einen Staat der Antihitlerkoalition gerichteten Bündnis beizutreten. Hauptziel des Vorschlages war es, eine Eingliederung der Bundesrepublik in einen gegen die UdSSR gerichteten Militärpakt zu verhindern.

Für den Preis eines nichtpaktgebundenen deutschen Staates war Moskau bereit, den jungen und noch schwachen ostdeutschen Staat zu opfern. Die DDR-Führung, die sich des »Risikos«, wie Walter Ulbricht später eingestand, für die eingeleiteten tiefgreifenden gesellschaftlichen Wandlungen und die eigenen Machtpositionen wohl bewusst war, stimmte dem mit ihr vorher nicht abgesprochenen

Vorschlag zu, da er ihrem Grundkurs auf Wiederherstellung eines einheitlichen friedliebenden deutschen Staates entsprach. Die Westmächte reagierten erwartet frostig. Für sie hatte die Wiederbewaffnung der Bundesrepublik und ihre Aufnahme in den westlichen Militärpakt absoluten Vorrang. Diese Position stimmte mit der bekannten Haltung des bundesdeutschen Kanzlers Konrad Adenauer »Lieber das halbe Deutschland ganz, als das ganze nur halb« überein. Unter seiner aktiven, von hektischen diplomatischen Aktivitäten begleiteten Mitwirkung wurde eine Antwortnote ausgearbeitet, die am 25. März 1952 übergeben und mit der das sowjetische Angebot brüsk zurückgewiesen wurde. Drei Jahre später wurde die Bundesrepublik nach mehreren Zwischenschritten Mitglied des Nordatlantikpaktes. Mit der Ablehnung der »Stalin-Note« wurde die Tür zu einer friedlichen Vereinigung beider Teile Deutschlands zugeschlagen, mit dem Beitritt der BRD zur NATO und dem darauffolgenden der DDR zum Warschauer Vertrag wurde sie verriegelt.

Wenn sich unter den deutschen Nachkriegspolitikern einer den Titel »Spalter Deutschlands« verdient hat, dann ist es Konrad Adenauer. Wer daran zweifelt, der kann sich mit einer diplomatischen Niederschrift von 1955 vertraut machen, die im Archiv des britischen Foreign Office unter den »Top-secret«-Dokumenten aufbewahrt wurde und in der der damalige britische Außenminister Sir Ivonne Kirkpatrick über eine Unterredung mit dem bundesdeutschen Botschafter informierte. Adenauer ließ mitteilen, dass er bei seiner Haltung bleibe, »wonach die Integration Westdeutschlands in den Westen wichtiger sei als die Wiedervereinigung Deutschlands«. Der Botschafter bat, seine Mitteilung strikt vertraulich zu behandeln, da es »ganz verheerend für Adenauers politische Position wäre, wenn diese Sichtweise [...] jemals in Deutschland bekannt würde«.[57]

Als dieses Eingeständnis später publik wurde, waren aus den ehemaligen Zonen- nicht nur zwischenstaatliche, sondern auch Grenzen zwischen zwei Militärblöcken geworden. Im Unterschied zu den anderen anerkannten Grenzen in Europa war die Staatsgrenze zwischen der DDR und der BRD sowie Westberlin offen und ungesichert. Für die DDR und ihre Verbündeten war das eine klaffende Wunde, die die ökonomisch überlegene BRD mit allen Mitteln nutzte, um dem verhassten Sozialismus auf deutschen Boden den Garaus zu machen. Währungsspekulanten, Grenzgänger, die im Westen arbeiteten und im Osten soziale Vorteile nutzten, Auf- und Wiederverkauf rarer technischer Konsumgüter und subventionierter Lebensmittel, eine Vielzahl von Spionage- und Sabotagezentren in Westberlin, laut dem damaligen Regierenden Bürgermeister Ernst Reuter die »billigste Atombombe«, fügten der DDR großen Schaden zu. Am schmerzlichsten und existenzbedrohend aber war der anschwellende Strom der Menschen, darunter vieler Facharbeiter und mit hohen Kosten ausgebildeter Ingenieure, Wissenschaftler, Ärzte, die, zu großen Teilen auch abgeworben, ihrer Heimat den Rücken kehrten. Die meisten Ost-West-Auswanderer zog es weniger in die kapitalistische »Freiheit und Demokratie«, sondern vielmehr in das bundesdeutsche »Wirtschaftswunderland« mit seinen damals relativ hohen Löhnen und Gehältern. Sie waren keine politischen, sondern nach heutigem Sprachgebrauch einfache Wirtschaftsflüchtlinge. So stand die DDR zu Beginn der 60er Jahre vor einer außerordentlich komplizierten Situation. Die Sicherung ihrer Grenze war für sie zu einer Frage von Sein oder Nichtsein geworden.

Aber es ging, wie auch jene wissen, die heute der DDR die alleinige Verantwortung für »Mauerbau und Todesstreifen« zuschieben, um weitaus mehr: Die Grenze, die damals wie heute so gern verniedlichend als »deutsch-deutsche« bezeichnet wurde und wird, war nicht nur eine Grenze zwischen zwei einander nicht wohlgesonnenen Nachbarstaaten, sie war eine Trennungslinie zwischen zwei einander feindlich gegenüberstehenden Militärpakten, die Hauptzone der Konfrontation zwischen Warschauer Vertrag und NATO.

Nirgendwo auf der Welt standen sich die Streitkräfte beider konventionell und nuklear hochgerüsteten Militärallianzen so konzentriert, aber gleichzeitig auch ausbalanciert gegenüber wie auf dem Boden beider deutschen Staaten. Bei einem Zusammenbruch der DDR wäre diese schreckliche, aber letztlich friedenssichernde Balance zerbrochen. 1961, auf dem Höhepunkt des Kalten Krieges, hätte die Weltkriegssieger- und Großmacht Sowjetunion – Abwickler Michail Gorbatschow war zu jener Zeit noch ein unbedeutender Provinzpolitiker in Stawropol – einer solchen Veränderung des internationalen Kräfteverhältnisses nicht tatenlos zugesehen. Im Sommer drohte der von Nuklearraketen geprägten Welt ein militärischer Konflikt mit unabsehbaren Konsequenzen.

Mit der Abriegelung der Grenze, die nicht »auf Befehl Honeckers«, wie das Berliner Landgericht ihm vorwarf, sondern im Ergebnis einer Beratung der Parteiführer der Staaten des Warschauer Vertrages und unter dem militärischen Schutz des Oberkommandierenden der sowjetischen Streitkräfte in Deutschland, Marschall Konew, erfolgte, wurde diese dargestellte verhängnisvolle Entwicklung gestoppt; in der DDR und in ganz Europa begann eine Periode der allgemeinen Stabilisierung und allmählich auch des politischen Dialoges zwischen Ost und West. Die Art der Grenzsicherung – eben eine Mauer – ging auf eine Entscheidung Nikita Chruschtschows zurück. Walter Ulbricht hatte die Wahrheit gesagt, als er auf einer Pressekonferenz erklärte, dass niemand in der DDR die Absicht habe, eine Mauer zu errichten.

Der Preis für die Grenzsicherung war hoch, für viele zu hoch, denn die Grenze, und darin liegt die ganze Tragik, war nur mit Gewalt zu sichern, wenn es denn eine Staatsgrenze und kein schmückender Försterzaun sein sollte. Die Errichtung der Mauer war ein Sieg der Länder, die sich

»sozialistische Staatengemeinschaft« nannten, und eine schwere Niederlage für den Sozialismus mit seinen zutiefst humanistischen Zielen. Die Mauer hatte der DDR und ihrer Führung Zeit verschafft, den Sozialismus demokratischer, attraktiver und damit das Bauwerk durchlässiger und letztlich überflüssig machen zu können. Diese Zeit wurde vertan.In einem war Bundespräsident Rau zuzustimmen: »Die Berliner Mauer hat ungezählten Frauen und Männern Leid gebracht.«

Aber die Schuld für die Opfer und das Leid allein bei der DDR zu suchen, das geht an der historischen Wahrheit vorbei. Die Mauer hieß im offiziellen DDR-Sprachgebrauch »antifaschistischer Schutzwall«. Als sie gefallen war, brach die DDR in sich zusammen, und es kamen die Treuhänder, die die DDR-Wirtschaft zerschlugen, die Kapitalisten, die sich »Investoren« und »Arbeitgeber« nannten und nur ihren Profit im Auge hatten, die Konzerne, die sich den wiedergewonnenen Markt aufteilten, die Banken und Versicherungen, die sich die Finanzen unter den Nagel rissen, der 1945 geflohene Adel, der nach seinen alten Pfründen strebte, die Bundeswehr, die frisches Blut für ihre Reihen und bald auch für ihre Auslandseinsätze brauchte, und es kamen viele andere Einheitsgewinnler, darunter nicht zuletzt die rechtsradikalen Anführer und neonazistischen Rattenfänger.

Vielleicht war der Name »antifaschistischer Schutzwall« gar nicht so falsch.

*Insgesamt gab es in der DDR 474 staatliche Kinderheime.
Davon waren 38 sogenannte Spezialkinderheime und
32 Jugendwerkhöfe, in denen jene Kinder verwahrt wurden,
die als schwer erziehbar und verhaltensauffällig galten.
Der CDU-Bundestagsabgeordnete Manfred Kolbe sagte dem
»Tagesspiegel«, der sexuelle Missbrauch in diesen Heimen
scheine »einen beachtlichen Umfang gehabt zu haben«.*

Der Spiegel,
1. April 2010

Lüge Nr. 7
Erziehungsdiktatur DDR

Bildung dient der Erziehung zur Wahrheit. Wenn es aber um das Bildungssystem der DDR geht, nehmen es die DDR-Kritiker und -Aufarbeiter nicht so genau. Einer von vielen ist der Historiker und Publizist Prof. Dr. Arnulf Baring, laut *Bild* »Deutschlands klügster Kopf«. Nach dem Untergang der DDR fragte er »Deutschland, was nun?« In jenem Buch teilte er mit, was vom DDR-Bildungssystem zu halten sei: »Die Universitäten waren weitgehend keine Universitäten, die Schulen keine Schulen, [...] sie müssen völlig von vorn anfangen«.[58] Der Professor nannte dafür als Grund: Die Leute drüben sind »verzwergt [...] und verhunzt [...]. Ob sich heute einer dort Jurist nennt oder Ökonom, Pädagoge, Psychologe, Soziologe, selbst Arzt oder Ingenieur, das ist völlig egal: Sein Wissen ist auf weite Strecken unbrauchbar.«[59]

Na, gut, so könnte man meinen, das ist eine extreme Äußerung eines Extremisten. Aber der aus einer Bankiersfamilie stammende Historiker ist nicht irgendwer. Er ist nicht nur häufiger Gast in meinungsbildenden Talk-Shows, er ist einer der führenden Köpfe in der famosen Initiative »Neue Soziale Marktwirtschaft«, er gehörte 2004 der FDP-Programmkommission an und hält häufig vor auserlesenem Auditorium Vorträge, so im September 2006 zur Eröffnung der von der CDU-Fraktion im hessischen Landtag organisierten Veranstaltungsreihe »Was uns leitet – Eckpfeiler einer bürgerlichen Kultur«, in dem er den Nationalsozialismus als »historische Entgleisung« bagatellisierte und statt der Integration von Einwanderern deren »Eindeutschung« verlangte.

»Unsere Demokratie braucht Menschen wie Sie«, meinte zumindest Parlamentsvizepräsident Wolfgang Thierse anlässlich Barings 70. Geburtstag. Solche Menschen gibt es zur Genüge, auch mit seiner Meinung zu den Schulen in der DDR steht Baring nicht allein.

Bereits im ersten Monat nach der Verkündung der staatlichen Einheit, im November 1990, hatte auf einem Hearing des Bundestagsausschusses für Frauen und Jugend der Kölner Pädagogik-Professor Dr. Dr. Niermann als geladener Sachverständiger mit der Schule und der Erziehung des gerade dahingeschiedenen Staates abgerechnet. »Die Schulen waren bereits seit Mitte der 40er Jahre die Zuchtanstalten der DDR. Unter der zynischen Parole der ›allseitig entwickelten Persönlichkeit‹ wurde hier jedem Schüler das individuelle Rückgrat gebrochen. Es verließ keiner die Schule, der sich nicht den individual einengenden Normen und der repressiven Manipulation unterworfen hatte [...]. Die Schulen waren die Ausleseanstalten für die Partei, die Ideologie und den Machtapparat zur Unterdrückung und Verdummung der Massen.«[60]

Acht Jahre später charakterisierte der durch die Medien gut bekannte Christian Pfeiffer, Direktor des Kriminologischen Forschungsinstituts Niedersachsen, von 2000 bis 2003 auch Justizminister in Niedersachsen, die Gewalt gegen Ausländer als »eine Folge der DDR-Erziehung« und damit »vor allem [als] ein ostdeutsches Problem«. Auf einer Bürgerversammlung in der Pauluskirche in Magdeburg legte er nach und meinte, fehlende Zuwendung der Eltern, autoritäre Erziehung und der Mangel an Einfühlungsvermögen hätten »vergewaltigte Kinderseelen« hinterlassen. Er glaube nicht, dass der »Mief der DDR« schon aus allen Schulen und Kindergärten verschwunden sei.[61]

Wer meint, dass es sich bei solchen Schmähungen von Erziehung und Bildung in der DDR um Einzelmeinungen handelt, der sollte in die Berichte der Eppelmann-Kommission blicken. Dort wird »die Erziehungsdiktatur der SED«

ausführlich beschrieben[62] und behauptet, das »Grundprinzip der Bildungspolitik in der DDR« sei der Versteile von Rainer Kunze zu entnehmen: »Unwissende – damit ihr unwissend bleibt, werden wir Euch schulen.«[63]

Gewiss ein unfreiwilliger Scherz, aber treffender hätte das Ziel der Kommission zur Aufarbeitung der »SED-Diktatur« schwerlich formuliert werden können. Nichtsdestotrotz erhielt ihr Bericht im Bundestag höchste Weihen und gilt seitdem als Katechismus für die Unterweisung in Sachen DDR.

Freilich ist es inzwischen schwieriger geworden, Schmähungen und Lügen über das DDR-Bildungssystem zu verbreiten. Das hat seine Ursache weniger in der Tatsache, dass 2009 schier unglaubliche Zustände in Heimen und Bildungseinrichtungen der Bundesrepublik bekannt wurden. In den 50er und 60er Jahren lebten dort rund 750.000 Kinder in Heimen. Drei Viertel von ihnen wurden von kirchlichen Verbänden und Ordensgemeinschaften geführt, zu deren Praxis vielerorts Zwangsarbeit, Erniedrigung und Schläge gehörten. Grund für die Schwierigkeiten sind auch nicht die 2010 folgenden Enthüllungen über den sexuellen Missbrauch an katholischen Schulen und Heimen. Versuche, DDR-Bildungseinrichtungen gleiche Untaten anzudichten, scheiterten kläglich.

Nein, die Kalamitäten für die Lügenmäuler begannen früher. Spätestens dann, als durch die Pisa-Studien der Bildungsnotstand in der Bundesrepublik selbst von den Regierenden nicht mehr zu leugnen war. Fachminister aus Bund und Ländern, Pädagogen und Journalisten brachen in großer Zahl zu Erkundungsreisen nach Finnland auf, dem Pisa-Sieger. Brandenburgs Bildungsminister Steffen Reiche offenbarte danach sein Erstaunen, dass das finnische Bildungssystem auf deutschen Grundlagen fußte: auf Humboldt, Fröbel und den Arbeiten von Bildungsexperten aus der DDR.[64] Ähnliche Berichte sind keine Seltenheit. Die *Netzeitung* überschrieb einen Beitrag über das Schulsystem mit der Schlagzeile: »Von Finnland lernen, heißt von der DDR lernen«[65]. Das finnische Bildungswunder, welches auf dem Konzept der Gesamtschule beruhe, baue auf Erfahrungen des DDR-Bildungssystems auf.

Die Bildungsministerin Edelgard Bulmahn (SPD) wurde 2002 in einem Streitgespräch im *DeutschlandRadio Berlin* mit der Frage konfrontiert: »Ist es nicht ein bisschen absurd, Frau Bulmahn, da reisen nach der ersten Pisa-Studie die Bildungsexperten nach Finnland, und die Finnen sagen, ›ja, wir haben das von der DDR eigentlich gelernt‹. Ist da nicht irgend etwas schief gelaufen im deutschen Einigungsprozess? Hätte man das nicht alles schon haben können 1990?« Darauf antwortete sie: »Ich denke, es ist sicherlich versäumt worden, im Einigungsprozess kritisch zu fragen, was sind eigentlich Errungenschaften in dem DDR-Bildungssystem, die wir auch erhalten sollten. Zum Beispiel war die enge Zusammenarbeit zwischen Kindergarten und Grundschule sicherlich eine Errungenschaft, die man hätte erhalten sollen in den neuen Ländern und die auch hätte von den alten Bundesländern übernommen werden können, das finde ich schon. Oder zum Beispiel eine stärkere Praxisorientierung in der Lehrerausbildung und -fortbildung oder eine größere Bedeutung und Gewichtung zum Beispiel der praktischen Anwendung von etwas Erlerntem, Anwendung in Alltagssituationen. Das, finde ich, sind durchaus Punkte, von denen man sagen kann, das sind wichtige Punkte für die Verbesserung eines Bildungssystems.«[66]

Diese bemerkenswerte Antwort verschwieg jedoch auch einiges:

1. Nach Überwindung des schweren Erbes, das das Naziregime hinterlassen hatte – viele Schulen waren zerstört oder beschädigt, über 70 Prozent der Lehrer waren Mitglieder der Hitlerpartei, es existierten mehr als 4.000 einklassige Zwergschulen – wurde schrittweise ein einheitliches Bildungssystem geschaffen, dessen Bestandteile, Kindergarten, Schule, Berufsausbildung, Fach- und Hochschulen,

strukturell und inhaltlich aufeinander abgestimmt waren. Besondere Aufmerksamkeit galt der Ausbildung der Lehrer. Nachdem in der ersten Phase Zehntausende von Neulehrern, vor allem befähigte Arbeiter, die die Nazilehrer ersetzten, in Schnellkursen geschult worden waren, wurde die Qualifizierung der Pädagogen systematisch vorangebracht. Unterstufenlehrer für die Klassen 1 bis 4 wurden an »Instituten für Lehrerbildung« und die für die höheren Klassen an den Pädagogischen Hochschulen oder anderen Universitäten mit Diplomabschluss ausgebildet.

Jeder Lehrer musste in den Ferien innerhalb von fünf Jahren mindestens drei Kurse zur Weiterbildung absolvieren. Vielfältig waren die Möglichkeiten zur Weiterbildung an Arbeiter- und Bauernfakultäten (bis 1963), Volkshochschulen, Betriebs- und Dorfakademien sowie im Direkt- oder Abendstudium an Fachschulen. An allen Schulen von Rügen bis zum Erzgebirge gab es gleiche Lehrpläne.

2. Eine viele Kinder benachteiligende vorzeitige »Sortierung«, wie sie im dreigliedrigen System der Bundesrepublik üblich ist, gab es nicht. Seit 1960 lernten alle Kinder in der zehnklassigen allgemeinbildenden »Polytechnischen Oberschule« (POS). Und für das Abitur besuchten die Schüler anschließend die Erweiterte Oberschule (EOS). Die Ausbildung in der Muttersprache, in Literatur und Kunsterziehung sowie in den naturwissenschaftlich-technischen Fächern erfolgte auf einem auch international anerkannten hohen Niveau. Nach besonders begabten Schülern wurde gezielt gesucht, ihrer Förderung diente ein Netz von Spezialschulen, u. a. für Musik, Kinder- und Jugendsport sowie Mathematik. Jeder Schulabgänger erhielt einen Ausbildungsplatz. 1989 verfügten über 90 Prozent aller Berufstätigen über eine abgeschlossene berufliche Ausbildung.

3. Im DDR-Bildungssystem war soziale Ausgrenzung ein Fremdwort. Allen Kindern stand ein Platz im Kindergarten zur Verfügung. 96 Prozent der Eltern nutzten dieses Angebot. In den Kinderkrippen bis zum dritten Lebensjahr

konnte der Bedarf nicht völlig gedeckt werden, hier wurden nur 80 Prozent der Kinder betreut. Der Besuch des Kindergartens war unentgeltlich, die Eltern zahlten lediglich 35 Pfennige für das Mittagessen. Für einen Tageskrippenplatz bezahlten die Eltern statt der 177 Mark tatsächlicher Kosten lediglich 27,50 Mark im Monat. Auch der Besuch der EOS war kostenlos, seit 1981 erhielten die Schüler in der elften Klasse 110 Mark und in der zwölften 150 Mark Ausbildungshilfe.

Die »arme DDR« leistete sich ein Bildungssystem, von dem die Bürger der BRD nur träumen können. Doch statt von ihm wenigstens teilweise zu lernen, wurde dem Anschlussgebiet das antiquierte System der Bundesrepublik mit seiner gravierenden Unterfinanzierung – der Anteil an den Staatsausgaben liegt gerade einmal bei einem Prozent (Südkorea 21, Finnland 10, Frankreich 7 Prozent) – der Zersplitterung in 16 unterschiedliche Schulsysteme, der ungenügenden frühkindlichen Förderung, der anachronistischen Auslese bereits nach der 4. Klasse, der schlechten praxisfernen Lehrerausbildung und dem zeitfressenden Bürokratismus übergestülpt; ein Bildungssystem, das laut UNICEF diskriminierend ist, laut der OECD die soziale Selektion unterstützt sowie Chancengleichheit verhindert und nach Einschätzung der UNESCO Deutschland bildungspolitisch in die Entwicklungsländer einreiht.

Niemand fordert, das Bildungssystem der DDR 1:1 zu kopieren. Zum einen hätte es schon zu DDR-Zeiten befreit werden müssen von ideologischer Überfrachtung, häufig formalisiertem Staatsbürgerkundeunterricht, Pionierappellen, einseitiger Orientierung auf Russisch als Pflichtfach, übermäßigen zentralen Vorgaben und Benachteiligungen aus politischen Gründen, die jedoch bei weitem nicht so häufig, wie die »DDR-Aufarbeiter« behaupten, anzutreffen waren. Anderenfalls hätten z. B. Pastorenkinder wie Angela Merkel, Markus Meckel und Wolfgang Tiefensee und viele andere niemals studieren können. Zum anderen sind die unbestreitbaren Vorzüge des DDR-Bildungssystems unter den herrschenden gesellschaftlichen Bedingungen in der Bundesrepublik kaum zur Geltung zu bringen. Aber lernen ließe sich trotzdem viel, sehr viel von ihm, um den Bildungsnotstand zu überwinden. Aber wenn man schon die DDR noch immer als Feind betrachtet, könnte Weltbühnen-Autor Kurt Tucholsky hilfreich sein: »Vom Feind kann man noch am ehesten lernen – manchmal auch vom Kritiker.«[67]

Doch in der vorherrschenden Sicht bleibt das DDR-Bildungssystem weiter, wie im Bericht der Eppelmann-Kommission vorgegeben, eine »Erziehungsdiktatur«. Nach einer 2004 veröffentlichten Studie des »Institutes für Hochschulforschung Wittenberg« stehen die Kommissionsmaterialien auf Platz 2 der Liste der zehn wichtigsten Bücher zur DDR-Geschichte und 51 Prozent der befragten Lehrer und Forscher an deutschen Universitäten bezeichnen die DDR berichtskonform als »Erziehungsdiktatur«.

So ist es kein Wunder, dass auch im »Damals-in-der-DDR«-Internet-Lexikon des *MDR* zu dem von der Volkskammer 1965 verabschiedeten »Gesetz über das einheitliche sozialistische Bildungssystem« zu lesen ist: »Zwar sicherte dieses Gesetz jedem Bürger das gleiche Recht auf Bildung zu, doch das darin festgeschriebene systematische Aufeinanderbezogensein aller Einrichtungen des Bildungswesens und deren kalkuliertes Ineinandergreifen ließ dieses System gleichzeitig zum Kernstück einer ›Erziehungsdiktatur‹ werden.«

Wer mehr zur Zwangsherrschaft im DDR-Bildungswesen erfahren wollte, konnte das »Stasi-Museum« in der Berliner Normannenstraße besuchen und sich dort einen Vortrag zum Thema »Die DDR als ›Erziehungsdiktatur‹« anhören, den die DDR-Chefaufklärerin Frau Birthler für 3,50 Euro anbot. Schüler bezahlten 2,00 Euro.

Nicht einmal Lügen gibt es umsonst.

Fast 600 Medaillen für DDR-Sportler bei Olympia in drei Jahrzehnten. In die junge Elite der Republik wurde viel investiert. Etliche Millionen DDR-Mark für unzählige Trainer, Betreuer und Ärzte. Hohe Investitionen in Medizinforschung und Trainingslehre jedes Jahr. Der Westen konnte bei diesem Aufwand nicht mithalten.
Ewald sprach vom Sieg der Sportmedizin. Auch wenn er das Wort Doping nicht in den Mund nahm und nur von unterstützenden Mitteln sprach, war klar, was er meinte.

Hajo Seppelt,
in: »Der Honecker des Sports«, *WDR*, 3. Mai 2010

Durch unsere 30 Olympia-Medaillen in Vancouver haben wir Russland im ewigen Medaillenspiegel überholt, wir sind die neue Nummer 1.
[...] Mit jetzt gesamt 128 Olympiasiegen (inklusive DDR) liegen wir vor Russland mit 123 Erfolgen.

Bild,
1. März 2010

Lüge Nr. 8
Staatsdoping – Ursache des Sportwunders DDR

Bei der DDR-Diffamierung ist Rainer Eppelmann als Vorstandsvorsitzender der »Bundesstiftung zur Aufarbeitung der SED-Diktatur« einer der Wortführer. Auch bei der Verleumdung des DDR-Sports. Ende 2006 nahm er die vom Medienlärm begleitete »Vereinbarung zur Entschädigung von DDR-Doping-Opfern« zum Anlass, um zu beklagen, dass »Sportlerinnen und Sportler vom DDR-Regime auf inhumane Weise als Medaillen-Maschinen missbraucht wurden.« Eindringlich mahnte er, nicht zu vergessen, dass »die sportlichen Erfolge der DDR in nicht unerheblichem Maße auf dem systematischen Staatsdoping beruhten«, um gleichzeitig eine Podiumsveranstaltung zum Thema »Systematisches Zwangsdoping« anzukündigen.[68]

Ja, Eppelmann, einst letzter Verteidigungs- und erster Abrüstungsminister der DDR, der später im Bundestag diversen Auslandseinsätzen der Bundeswehr zustimmte, ist ein wahrer All-Round-Politiker, und eben auch ein Sport- und Doping-Experte. Als solcher befindet er sich in bester Gesellschaft, z. B in der von Werner Köster, der bereits 1989 in der *Bild*-Zeitung originell feststellte: »Die DDR ist die Deutsche Dopingrepublik.«[69]

Zum Club ungezählter Experten zählt auch der Doping-Fachmann Prof. Werner W. Franke, der es gemeinsam mit Brigitte Berendonk 1997 ganz genau wusste: »Die Geschichte der DDR und ihres Spitzensports ist auch eine Geschichte des unethischen, teilweise verbrecherischen Verhaltens von Ärzten und Wissenschaftlern. Über hundert

Ärzte, Pharmakologen, medizinische Wissenschaftler, Natur-
und Trainingswissenschaftler waren Teil eines Systems von
pharmakologischen Übergriffen des Staates auf junge Menschen [...]. Weil sportliche Höchstleistungen zu den wirk-
samsten Mitteln gehörten, Ansehen für diese zweite deutsche Republik zu gewinnen, wurde frühzeitig alles dafür
getan, Rekorde zu brechen. Die systematische Anwendung
leistungssteigernder Medikamente gehörte bald dazu. [...]
Ab 1972 kam die kleine DDR stets neben der Sowjetunion
und den USA auf den vorderen Medaillenrängen ein. Die
meisten dieser Medaillen sind jedoch mit Hilfe von verbotenen Substanzen gewonnen worden.«[70]

Und eines der Clubmitglieder, Giselher Spitzer, er sei
hier als Letzter zitiert, ging im Jahre 2000, als es galt, die
öffentliche Meinung auf den Prozess gegen »Hauptverant-
wortliche für das Staatsdoping« einzustimmen, noch einen
Schritt weiter: »Man kann Staatsdoping auch als schweres
Verbrechen gegen die Menschlichkeit bewerten.«[71]

Im Gegensatz zu anderen Kampagnen gegen die verbli-
chene DDR war es schwierig, ihre sportlichen Leistungen
zu diffamieren. Zum einen genoss der DDR-Sport ein
hohes Ansehen im In- und Ausland und zum anderen war
und ist Doping, wie inzwischen bestens bekannt, ein inter-
nationales Problem. Nicht grundlos fanden mehrere Welt-
Anti-Doping-Konferenzen statt, erklärte der Präsident des
Internationalen Olympischen Komitees, Jaques Rogge: »Ich
bin nicht so naiv, dass ich glauben würde, der Kampf gegen
Doping wäre zu gewinnen«.[72]

Aber andererseits war es auch leicht, denn Doping hat es
auch in der DDR tatsächlich gegeben. Nach der als
»Wende« bezeichneten Gegenrevolution zu erfahren, dass
auch in der DDR zu Pharmaka gegriffen wurde, um
menschliche Belastungsgrenzen im Hochleistungssport zu
erweitern, also gedopt wurde, war für Anhänger des DDR-
Sports schockierend. Bis dahin gab es doch guten Grund
zur Annahme, dass das hervorragende Sportsystem der

DDR den Griff zu solchen Mitteln der Leistungssteigerung überflüssig machte. Stichwortartig sei nur erinnert an: die breite Massenbasis von fast vier Millionen Sporttreibenden in 11.000 Sportgemeinschaften, die Hunderttausenden Übungsleiter und ehrenamtlich tätigen Funktionäre sowie die rund 10.000 hauptamtlich bezahlten Kräfte allein im Bereich der Sportorganisationen, die gezielte Talenteauswahl und -förderung, die Kinder- und Jugendsportschulen (KJS), die Kinder- und Jugendspartakiaden auf allen Ebenen, die weltberühmte Hochschule für Körperkultur und Sport in Leipzig mit ihren Spitzenleistungen in der Trainerausbildung und sportwissenschaftlichen Forschung, die Turn- und Sportfeste als Leistungsschau des Massensports, die straffe Leitung des Sports auf der Grundlage der Verfassung und spezifischer Gesetze durch das Staatliche Komitee für Körperkultur und Sport, den Deutschen Turn- und Sportbund (DTSB), das Staatssekretariat für Körperkultur und Sport, die für ein kleines Land großzügige Vergabe von Fördermitteln, von denen für den Leistungssport 32,2 Prozent eingesetzt wurden. Und trotz dieses in der Welt einzigartigen Sportsystems sollten auch Dopingmittel eingesetzt worden sein? Nahezu unglaublich, aber leider wahr. Weshalb nur?

Wer eine präzise Antwort auf diese Frage sucht, der braucht nur die Schrift des ehemaligen Staatssekretärs für Körperkultur und Sport, Prof. Günter Erbach, »Der DDR-Sport lebt – trotz fortgesetzter Verleumdungen« zur Hand zu nehmen, in der sich der Autor auch mit diesem Thema beschäftigt und schreibt: »Der DDR-Sport kam erst Mitte, Ende der 60er Jahre mit den Dopingproblemen in einzelnen Sportarten in Berührung und hat sich seitdem auf internationaler Ebene für ein Dopingverbot und für internationale Kontrollen eingesetzt, sie immer gefordert und sie unterstützt. Da es nicht gelang, gleichermaßen Ost- und West-Länder betreffende, gleichberechtigte Kontrollen durchzusetzen, musste trotz sportethischer Bedenken die regelkonforme Chancengleichheit für die DDR-Sportler gewahrt und gesichert werden. Das ergab sich als sportpolitische Konsequenz, wenn man weiterhin am internationalen Wettkampfgeschehen teilnehmen wollte. Das Dopingszenarium im internationalen Sport mit unterschiedlichen Praktiken und den immer wieder neu auf den Markt kommenden Wirkstoffen war für den DDR-Sport kein Vorteil, eher hinderlich, denn er verfügte ja über ein in jeder Hinsicht funktionierendes Förder- und Trainingssystem des langfristigen Leistungsaufbaus, das zu den effektivsten in der Welt zählte. Dennoch war das kein Freifahrtschein für internationale Erfolge, aber bei zielstrebigem Training eine der sichersten Voraussetzungen dafür. Doping war sogar in jeder Hinsicht für den DDR-Sport ein Nachteil, dennoch gab es für die Verantwortlichen dazu keine Alternative, wenn man dabeibleiben wollte.«[73] Und die DDR wollte dabei bleiben, wie die meisten Länder der Welt, darunter auch der Staat, der alle Hunde von der Leine ließ, um die Dopingsünder der DDR zu fangen, an den Pranger zu stellen und zu bestrafen.

Dass Doping auch in der Bundesrepublik betrieben wurde (und wird), ist schon lange aktenkundig, nicht erst seit der Erklärung des DSB-Präsidenten Manfred von Richthofen von Oktober 1997: »Selbstverständlich ist im Westen auch gedopt worden. Aber dort ist nicht so preußisch gründlich aufgeschrieben worden wie im Osten durch die Staatssicherheit. Die lückenlose Aufklärung der DDR-Dopingvergangenheit hat einen schlechten Beigeschmack, solange Doping im Westen nicht aufgedeckt wird.«[74]

Bereits 20 Jahre zuvor forderte der Innenminister und Vorsitzende des Bundesfachausschusses Sport der CDU, Wolfgang Schäuble, auf einem Hearing im Sportausschuss des Deutschen Bundestages, auch anabole Substanzen unter ärzlicher Kontrolle einzusetzen, wenn es denn für das Prestige der Bundesrepublik nötig wäre.[75]

Seine Forderung blieb nicht ohne Folgen. Anfang Dezember 1990 schrieb der *Stern*-Reporter Martin Hägele:

»Auch hierzulande wird seit zwanzig Jahren gespritzt und geschluckt, für Sieg und sozialen Aufstieg, für Ruhm und Geld. Während die Doping-Programme im Osten vom Regime getragen und geheimgehalten wurden, lief es im Westen eher nach den ungeschriebenen Gesetzen der Mafia. Mach mit, schweig, oder du bekommst Schwierigkeiten.«[76] Im gleich Jahr stellte Prof. Wildor Hollmann, Präsident des Weltverbandes für Sportmedizin (FIMS) und des Deutschen Sportärzte-Bundes fest: »Wir wissen seit den Olympischen Spielen 1960 in Rom, dass im bundesdeutschen Spitzensport Doping eine Rolle spielt.«[77]

Doping gab es in beiden deutschen Staaten, zuerst in der BRD, dann leider auch in der DDR. Angesichts dessen gab es 1990 zwei Wege zur Lösung des Problems: Entweder einen Schlussstrich unter alle Dopingfälle der Vergangenheit zu ziehen oder zu versuchen, sie restlos aufzuklären. Die Tonangebenden in der Bundesrepublik entschieden sich gemäß dem Spruch des römischen Komödiendichters Terentius »Duo cum faciunt idem, non est idem – wenn zwei das Gleiche tun, ist's nicht das Gleiche« für beides: Der Schlussstrich wurde für die Alt-BRD gezogen, für die Ex-DDR wurde juristische Strafverfolgung angeordnet. Seit 1991 wurde sie von einem großen Stab von Justiz- und Ermittlungsbeamten, Staatsanwälten und Richtern betrieben, mit überfallartigen Hausdurchsuchungen am 7. Mai 1996 bei 50 Trainern, Sportwissenschaftlern, -ärzten und -funktionären, mit der Versendung von etwa 9.000 Fragebögen, mit denen DDR-Leistungssportler zur Denunziation ihrer Sportkameraden und Trainer aufgefordert wurden, mit hochnotpeinlichen Befragungen von Athletinnen, mit inszenierten Gerichtsverfahren gegen Trainer, Sportärzte und -wissenschaftler, die im Mai 2000 ihren Höhepunkt in einem grotesken und für die Veranstalter ziemlich missglückten Schauprozess gegen den erkrankten DTSB-Präsidenten Manfred Ewald fanden.

Wie der Publizist und Sportexperte Klaus Huhn berechnete, wurden für die Dopingverfolgungsaktion allein schon bis 1997 rund 130 Millionen DM verausgabt, mehr als die Hälfte der Jahressumme, die das Bundesinnenministerium für die Förderung des deutschen Leistungssportes zur Verfügung stellen kann![78]

Begleitet wurde diese politische Strafaktion von Hetzkampagnen gegen Kristin Otto, sechsfache Goldmedaillengewinnerin von Seoul, und Katrin Krabbe, der man nicht verzieh, dass sie 1990 als Siegerin in Split eine alle bewegende Ehrenrunde mit der schwarz-rot-goldenen Flagge mit Hammer und Zirkel im Ährenkranz gelaufen war.

»Zusammenfassend lässt sich feststellen«, so resümierte Prof. Erbach, »dass im Ergebnis der fast zehnjährigen polizeilichen und staatsanwaltlichen Ermittlungen und Verfolgungen nach bisheriger Übersicht gegenüber ca. 900 bis 1.000 Personen Beschuldigungen erhoben, in neun Prozessen über 21 Angeklagte Urteile gesprochen und durch Strafbefehle weitere 34 Personen zu Bewährungs- und Geldstrafen verurteilt wurden.

Die Zeit wird kommen, da die Ermittlungs- und Gerichtsakten dieser sogenannten Dopingprozess- und -anklage-Serie einer umfassenden Analyse zugänglich gemacht werden müssen. Dann wird der politische Charakter dieser Strafverfolgung noch deutlicher zutage treten.«[79]

Kein Geringerer als derjenige, der in den 70er Jahren offen für Doping in der Bundesrepublik eintrat, der Finanzminister in der Merkel-Westerwelle-Regierung, Wolfgang Schäuble, scheint das zu ahnen. Als Bundesinnenminister gestand er im April 2009 ein, dass es Doping in beiden Teilen Deutschlands gab, um fortzufahren: »Wir sollten uns daher hüten, mit dem Finger auf den jeweilig anderen Teil zu zeigen. Es ist vielmehr an der Zeit, dass Deutschland auch im Sport zusammenwächst und deshalb die Fehlleistungen als eigene verstanden werden. Dazu gehört im Leistungssport auch die gemeinsame Aufarbeitung der Dopingfälle in Ost und West. Unterschiede darf es hier nicht geben.«[80]

Trotz dieses Eingeständnisses haben die SED-Diktatur-Aufarbeiter und die ihnen zu Diensten stehenden Medien gerade in den Großen Gedenkjahren 2009/10 die Verunglimpfung des DDR-Sportes gemäß dem alten Turnerwahlspruch frisch, fromm, fröhlich und frei fortgesetzt.

Im sogenannten deutschen Vereinigungsprozess ist weniges so grotesk wie das zweierlei Maß, mit dem im Rechtsstaat Bundesrepublik Ost- und West-Doping gemessen werden. Und warum hat die herrschende Politik die Justiz auf dieses Gleis gebracht? Weil es ihr um die Aufklärung des Dopings in Deutschland ging? Dann hätte sie mit dem gleichen Einsatz gegen den altbundes- und jetzt gesamtdeutschen Sport ermitteln lassen müssen. Weil sie von tiefer innerer Verachtung für den DDR-Sport, seine Methoden und Leistungen erfüllt ist? Dann hätte sie zumindest Skrupel haben müssen, sich der Leistungen der aus der DDR hervorgegangenen Sportlerinnen und Sportler zu rühmen, die nach 1990 bei den Olympischen Sommer- und Winterspielen, bei Welt- und Europameisterschaften den Löwenanteil an den deutschen Medaillen errangen. Dann hätte sie sich nicht mit dem sportlichen Lorbeer von Henry Maske, Lars Riedel, Franziska van Almsick und Mathias Sammer sowie vieler, vieler anderer schmücken dürfen, die ihren Weg in den Leistungszentren der DDR begannen, deren Trainer, Sportärzte und -funktionäre aber vor Gericht gestellt wurden.

Nein, hier soll der gewesene ostdeutsche Staat gerade auf dem Gebiet kriminalisiert werden, auf dem die ostdeutsche, die DDR-Identität wuchs und auf dem die alte Bundesrepublik ihre schmerzhaftesten Niederlagen erlitten hat. Was im sportlichen Vergleich, in den Sportarenen bei Olympischen Spielen, Welt- und Europa-Meisterschaften nicht gelang, soll mittels der stattgefundenen absonderlichen Verfahren vor Justitia und den immer wiederkehrenden Diffamierungen in den Medien nachgeholt werden: Die DDR und den DDR-Sport zu besiegen.

Selbst wenn diese Kampagnen noch lange fortgesetzt werden, ihr Ziel werden sie nicht erreichen. Die hervorragenden Leistungen der DDR-Sportler – während acht Olympischen Sommer- und neun Olympischen Winterspielen gewannen sie 572 Medaillen, davon 207 in Gold, 192 in Silber und 177 in Bronze. In rund vier Jahrzehnten errangen sie 713 Weltmeister- und 697 Europameistertitel[81] – führen alle Verleumdungen ad absurdum. Sie sind das Ergebnis eines einzigartigen Sportsystems. Günter Erbach stellt die hypothetische Frage: »Ob sich der Leistungssport der vergangenen Jahrzehnte des vorigen Jahrhunderts ohne Doping interessanter oder wenig spektakulärer entwickelt oder vollzogen hätte?« Er gab darauf die Antwort: »In jedem Falle hätte aber der DDR-Sport dabei mit seinem pädagogisch ausgeprägten, effektiven Förder-, Trainings- und Wettkampfsystem auf wissenschaftlicher Grundlage ebenso einen vorderen Platz im Weltsport eingenommen«.[82]

An dieser Wahrheit können auch solche »Sportexperten«, wie der mehrfach gewendete ehemalige DDR-Journalist Klaus Weise nichts ändern, der noch im Jahre 2006 behauptete, dass die DDR »in keinster Weise [...] eine blühende Sportlandschaft«[83] gewesen sei, um später hinzuzufügen: »Ein Sportland DDR« habe es »nicht gegeben«.[84]

Solche Behauptungen sind ausgeprägte Symptome einer fortgeschrittenen Lügenkrankheit, und ihre Lügen sind selbst so krank, dass sie der Wahrheit hinterherhecheln wie einst der bundesdeutsche dem Sport der DDR.

*Kampflos hat Moskau sein Paradestück,
den »Ersten Arbeiter-und-Bauern-Staat der deutschen
Geschichte«, preisgegeben.
Die westlichste Bastion des Sowjetlagers hat noch 131 Tage
zu leben, dann ist sie verschwunden.*

Der Spiegel,
23. Juni 1990

Lüge Nr. 9
Die friedliche Revolution

Einst wurden die Bürger der DDR aufgerufen, an Jahrestagen der Märzrevolution von 1848, der Großen Sozialistischen Oktoberrevolution von 1917 und der Novemberrevolution von 1918 zu gedenken. Heute werden sie, seit langem wieder zu »Ostdeutschen« zurückgestuft und noch immer »Bürger der neuen Bundesländer« genannt, bei allen sich bietenden Anlässen – den Jahrestagen der Großkundgebung vom 4. November auf dem Berliner Alexanderplatz, des Mauerfalls am 9. November, der »Wiedervereinigung« am 3. Oktober – aufgefordert, der »friedlichen Revolution« von 1989/90 zu gedenken.

In Bezug auf die DDR hat das Wort »Revolution« Hochkonjuktur vor allem bei jenen, die sonst von revolutionären Umstürzen wenig oder gar nichts halten. Bundespräsident Köhler rüttelte das Volk – wie schon sein Vor-Vorgänger Herzog, der immer aufs Neue von der »ersten geglückten friedlichen Revolution in der deutschen Geschichte« gesprochen hatte – gleich in seiner Antrittsrede mit den Worten auf: »Mut zur Zukunft sollte uns die Erinnerung daran machen, was vor 15 Jahren in Deutschland geschah. Den Menschen in Ostdeutschland gelang eine friedliche Revolution.«[85]

Auch der seinerzeitige Bundeskanzler Schröder lobte anlässlich des 15. Jahrestages des Falls der Mauer die Ostdeutschen: »Die Menschen in der DDR haben die deutsche Geschichte um ein einmaliges Ereignis bereichert: Sie haben in einer friedlichen Revolution eine Diktatur zu Fall gebracht.«[67]

Bundeskanzlerin Merkel überreichte kurz vor dem Jahrestag Bärbel Bohley, der »Mutter der Revolution«, den Verdienstorden »Goldene Henne« und CDU-Generalsekretär Ronald Pofalla bekannte: »Mit großer Freude habe ich die friedliche Revolution und den Untergang der kommunistisch-sozialistischen Diktatur im Osten Deutschlands erlebt.«[88]

Froh und stolz ist auch einer der Revolutionsführer, Richard Schröder, der in der letzten Volkskammer der DDR als SPD-Fraktionschef keinen kleinen Beitrag zur Übergabe der DDR an die Bundesrepublik und des DDR-Volksvermögens an die Treuhand leistete. Nun gehört er neben dem ehemaligen Menschenrechts- und nunmehrigen Afrika-Beauftragten der Bundesregierung Günter Nooke (CDU) sowie Lothar de Maizière (CDU) zu den eifrigsten Verfechtern des Planes, auf der sogenannten Schlossfreiheit in Berlin Mitte, auf der einst das Reiterstandbild von Kaiser Wilhelm I. stand, ein »Nationales Freiheits- und Einheitsdenkmal« zu errichten, das an die »erste gelungene und friedliche Revolution der deutschen Geschichte« erinnern soll. »Es war eine friedliche Revolution und es war die erste erfolgreiche der deutschen Geschichte«[89], bekräftigte der letzte DDR-Ministerpräsident im September 2006 auf dem Evangelischen Kirchentag in Schwerin. Und weil dem so ist, widmete die für die Aufarbeitung der »SED-Diktatur« zuständige und vom Revolutionshelden Rainer Eppelmann geleitete Kommission in ihrem Bericht von 1994 den historischen Vorgängen ein Unterkapitel mit der Überschrift: »Die friedliche Revolution 1989/90«.[89]

In dem nach vierjähriger harter Arbeit veröffentlichten Schlussbericht der Kommission wird die »friedliche Revolution« leicht umbenannt und festgestellt: »Von bleibender historischer Bedeutung für die geeinte Nation ist der Umstand, dass die deutsche Einheit von 1990 aus einer erfolgreichen demokratischen Revolution hervorging.«[90]

Das rechte politische Spektrum im Bundestag und im ganzen Land ist sich einig: Es war eine »Revolution«, und eine friedliche dazu. Einige linke Theoretiker, oder solche, die sich selbst links einordnen, betrachten die Ereignisse von 1989/90, wie sie meinen, differenzierter. Halb zieht es sie zur Ausdeutung »Revolution«, halb sinken sie in Zweifel. Ein schönes Beispiel dafür lieferte Stefan Bollinger in seiner Analyse: »Die Revolution für den Sozialismus kam zu spät – 1989 zwischen letzter Chance und Thermidor«. Die Fülle der von ihm angeführten Definitionen kann schwindelig machen: »Es ist schon verflixt. Da kam es im Herbst 1989 zu einem Umbruch. Und doch ist das Urteil – trotz des mittlerweile vergangenen knappen Jahrzehnts – so umstritten wie von Anfang an. Die einen feiern es als Revolution, vergeben Attribute wie ›national‹, ›friedlich‹ oder ›protestantisch‹ [...].

Auf der anderen Seite [...] ist das Etikett ›**Konterrevolution**‹ schnell bei der Hand. [...] Für den Umbruch und Gesellschaftswechsel in der DDR zugunsten eines westlich dominierten Gesamtdeutschlands sind verschiedene Attribute denkbar, ihn zu bezeichnen (und damit auch zu werten): als eine **abgetriebene Revolution**, der der emanzipatorische Impetus einer eigenständig reformierten DDR beraubt wurde; als eine **verkaufte Revolution**, in der die eigenen Bürger ihre Ziele als Konsumenten höher einstuften als die eigene Befreiung von allen Freiheitsbeschränkungen [...]; als eine wie so oft in der Geschichte Deutschlands – etwa 1848/49 oder 1918/19 – **gescheiterte Revolution**, in der die ursprünglichen Ziele der Akteure nicht eingelöst werden konnten; als eine **enteignete Revolution**, in der die Akteure durch die überwältigende Präsenz der Bundesrepublik und ihrer politischen Klasse von der eigenen Revolution enthoben wurden; als eine zweifellos **friedliche Revolution**. [...]

Insgesamt war es eine **abgebrochene Revolution**, die großartig demokratisch durch das Volk begann und schließlich dem handelnden Volk verlustig ging. [...] Allerdings ist das Abwägen zwischen dem Gewinn an demokratischen Freiheiten, an Rechtsstaatlichkeit und dem Wieder- oder Neuentstehen privatkapitalistischer Eigentumsverhältnisse mit ihren sozialen Folgen zweifellos ein zu diskutierendes Problem.«[91] *(Hervorhebungen R. H.)*

Doch was soll hier gegeneinander abgewogen werden? Auf der einen Waagschale die Freiheiten einer parlamentarischen Demokratie und auf der anderen kapitalistische Ausbeutung mit den bekannten Konsequenzen? Und daran entscheidet es sich, ob der gesellschaftliche Umbruch eine Revolution oder eine Konterrevolution war?

Die Einschätzung der Ereignisse von 1989/90 als »Konterrevolution« wird in Deutschland nicht nur von den Nationalkonservativen, sondern auch von progressiven Kräften im bürgerlichen Lager entschieden abgelehnt. Letztere verweisen darauf, dass viele der Akteure den »Sozialismus verbessern« wollten, auch darauf, dass die Hunderttausende, die in der späteren Medienberichterstattung zu einer Million anwuchsen, am 4. November auf dem Berliner Alexanderplatz in ihrer großen Mehrheit keine Konterrevolutionäre waren und dass viele der »Wir-sind-das-Volk«-Rufer auf den Leipziger Montagsdemonstrationen, selbst dann, als sie die im Westen ausgedachte Losung »Wir sind ein Volk« übernahmen, keine konterrevolutionären Absichten verfolgten.

Alles gut und richtig. Aber hier geht es nicht um den Verlauf der Ereignisse und ihre aktiven Teilnehmer, nicht einmal um die Ursachen der schmählichen Niederlage des Sozialismus – die krassen Fehlentwicklungen in der DDR und in nahezu allen sozialistischen Staaten, die Paralysierung der Partei- und Staatsführung und damit der herrschenden Partei, die grobe Einmischung und forcierten Attacken seitens der BRD im Bunde mit den USA, den Verrat Gorbatschows am »unverbrüchlichen Bruderbund« und die Preisgabe der DDR seitens der im politischen Chaos versinkenden Sowjetunion – sondern ausschließlich um ihr Ergebnis. Und wenn die Definition in »Wilhelm Liebknechts Volksfremdwörterbuch«: »Konterrevolution ist der Kampf der reaktionären Klassen […] gegen die siegreiche Revolution, um ihre Eroberungen zunichte zu machen und die Ordnung, die vor der Revolution bestand, wiederherzustellen« zutrifft, dann handelt es sich bei dem tiefgreifenden gesellschaftlichen Umbruch in der wieder zu Ostdeutschland gewordenen DDR um eine *Konterrevolution*.

Wiederhergestellt wurden die kapitalistischen Macht- und Eigentumsverhältnisse, das Volkseigentum wurde liquidiert und in privatkapitalistische Hände zurückgegeben. Und obendrein durfte der 1945 von Ost nach West geflohene Adel in seine angestammte ostelbische Heimat zurückkehren. Alles in allem eine nahezu klassische Konterrevolution – auch wenn sie nicht mit Interventionstruppen, standesrechtlichen Erschießungen, offenem Terror, Folter, Kartätschen und Bluthunden à la Noske daherkam. Entscheidend war und ist ihr gesellschaftliches Ergebnis.

Zutreffend schrieb Dr. Thomas Marxhausen, einst Gastprofessor an der Universität Aden am 19. Dezember 2009 im *Neuen Deutschland*: »Den Herbst 89 als ›friedliche Revolution‹ zu bezeichnen bzw. der gegenteiligen Ansicht zu sein, es habe keine Revolution stattgefunden, weil der Verlauf gewaltfrei war, reduziert den Umbruchsprozess auf die Form seines Verlaufs. Zweifellos war die für die Beteiligten von existenzieller Bedeutung im wahren Wortsinn; auch wusste keiner, auf welche Weise der ›Gefühlsstau‹ der Massen sich Luft machen würde. Worauf es bei der Bewertung von Revolutionen jedoch wirklich ankommt, ist deren sozial-ökonomischer und politischer Charakter, der vom Syntagma ›friedliche Revolution‹ ausgeblendet wird.«

Auch im linken Parteienspektrum tut man sich schwer, den Begriff »Konterrevolution« zu verwenden. Ausnahmen bilden zumeist führende Vertreter der DKP und der Kommunistischen Plattform. Sie aber bestätigen lediglich die Regel.

Der Marxist und Rechtsprofessor Uwe-Jens Heuer spricht von einem »Epochenumbruch« und bezeichnet den »Kern der Veränderung« als »Restauration der uneingeschränkten Herrschaft des Kapitals«[92]. Was aber ist das anderes als das Ergebnis einer Konterrevolution?

Und jene, die den Begriff »Konterrevolution« benutzen oder mit Menschen Kontakt haben, die dies tun, werden an den öffentlichen Pranger gestellt. Wie etwa Hans Modrow, den der Hamburger *Spiegel* – nicht zum ersten und gewiss nicht zum letzten Male – in seinen Spalten am 5. März 2009 denunzierte: »Er ist eine der Ikonen der Partei, dessen Agieren daran erinnert, wie gegenwärtig die Vergangenheit ist: Hans Modrow, letzter DDR-Ministerpräsident mit SED-Parteibuch, einst gefeierter Reformer, dann langjähriger Ehrenvorsitzender der PDS und dieser Tage als Vorsitzender des Ältestenrates der Linken unterwegs. Modrow hält bis heute Verbindung zu Kreisen, für die 1989 eine ›Konterrevolution‹ stattfand. Ob er zu einem Club ehemaliger Staatssicherheitsdienstler spricht oder in Zirkeln früherer NVA-Offiziere, stets ist ›der Hans‹, wie sie ihn nennen, ein gern gesehener Gast.«

Der langjährige Leiter des Institutes für Strafrecht an der Berliner Humboldt-Universität, Prof. Erich Buchholz, der nach 1990 zahlreiche Opfer der bundesdeutschen politischen Strafjustiz verteidigte, schrieb in einem Brief an den verantwortlichen Redakteur der von der Kirchlichen Bruderschaft in Berlin Brandenburg herausgegebenen *Weißenseer Blätter*, Hanfried Müller: »Von nun an (nach der Grenzöffnung) agierte von Woche zu Woche deutlicher die Konterrevolution. Sie wurde auch in der letzten Regierung und in den Beschlüssen der letzten Volkskammer wirksam. Hatte die Regierung Modrow mit der Schaffung einer Treuhandgesellschaft zur Wahrung des Volkseigentums in veränderten Rechtsformen den Interessen der DDR-Bürger entsprochen, so haben die allerletzte Regierung und Volkskammer mit der darin tonangebenden reaktionären Mehrheit objektiv Konterrevolution betrieben, so in Gestalt von ›Rechts‹-Akten, die ausgerechnet am 17. Juni verabschiedet wurden: Die sozialistischen Grundsätze der DDR-Verfassung wurden aufgehoben und eine auf Privatisierung des Volkseigentums ausgerichtete Treuhandanstalt installiert. Solche politisch konterrevolutionären Akte erfüllten nach dem Recht der DDR den objektiven Straftatbestand des Hochverrats, weil sie objektiv darauf gerichtet waren, ›die sozialistische Staats- und Gesellschaftsordnung der DDR […] zu beseitigen‹ (§ 96 Abs. 1 Nr. 1 StGB/DDR) […]. Die DDR ist somit, nachdem sie von Gorbatschow und Schewardnadse verraten worden war, den Westmächten und der Bundesrepublik buchstäblich ›zum Fraß vorgeworfen‹ worden, was in der Form konterrevolutionärer hochverräterischer ›Rechts‹-Akte stattfand.«[93]

Peter Hacks, einer der bedeutendsten deutschen Dramatiker und zu DDR-Zeiten ein scharfzüngiger Kritiker der SED-Führung nach Walter Ulbricht, sprach nicht von »Hochverrat«, aber was die Ereignisse von 1989/90 anbelangte, so ließ seine Haltung nichts an Deutlichkeit zu wünschen übrig. *Wie deutlich* ist in einem Essay unter dem Titel »Konterrevolution – von außen und von oben. Peter Hacks und die Wende« zu lesen, das die französische Literaturwissenschaftlerin Heidi Urbahn de Jauregui, die seit 1975 im direkten Kontakt zu Peter Hacks stand und über dessen Werk promovierte, verfasste. Sie zitierte Hacks: »Das Knirschen der Knochen, wenn die Konterrevolution ihre Kinder frisst, ist das einzige heitere Geräusch in all dem Höllengejammer« und setzte fort: »Er blieb dabei, dass ›diese Konterrevolution […] von außen und von oben‹ angezettelt worden sei. ›Der Staat (DDR) ist nicht gescheitert. Durch Übereinkunft zwischen Moskau und Washington ist dieser Staat abgeschafft worden‹, sagte er später. Das eigentliche Volk der DDR habe die Konterrevolution nicht gewollt.«[94]

Gewollt oder nicht gewollt, die Konterrevolution hat gesiegt und der Sozialismus hat auch auf deutschem Boden eine schwere Niederlage erlitten. Unzählige, die im stürmischen Herbst in den Demonstrationen mitmarschierten, wollten tatsächlich einen »besseren Sozialismus«, angekommen sind sie letztlich in einem Kapitalismus, der nach seinem Triumph sein wahres Gesicht immer weniger hinter der Fassade »soziale Marktwirtschaft« verbergen muss. Viele fragen sich noch immer – und damit doch noch einige Bemerkungen zu den Ursachen der Niederlage –, wie es dazu kommen konnte und stimmen unter anderem darin überein, dass die Aufgabe der DDR seitens der Sowjetunion und der Verrat Gorbatschows eine entscheidende Rolle spielten.

Mit Vorliebe wird dabei auf die Erklärung verwiesen, die der einstige Partei- und Staatschef der UdSSR auf einem Seminar an der US-amerikanischen Universität in Ankara im Herbst 1999 abgab: »Das Ziel meines ganzen Lebens war die Vernichtung des Kommunismus, dieser unerträglichen Diktatur gegen die Menschen. Von meiner Frau, die diese Notwendigkeit noch eher als ich erkannte, wurde ich dabei voll und ganz unterstützt. Gerade um dieses Ziel zu erreichen, nutzte ich meine Stellung in der Partei und im Lande. Eben zu diesem Zweck drängte mich meine Frau die ganze Zeit dazu, immer höhere Positionen im Lande einzunehmen. Als ich mich persönlich mit dem Westen bekannt gemacht hatte, verstand ich, dass ich von dem gestellten Ziel nicht ablassen durfte. Um dieses zu erreichen, musste ich die ganze Führung der KPdSU und der UdSSR ersetzen, und ebenso die Führung in allen sozialistischen Ländern. Die Welt wird ohne den Kommunismus besser aussehen.«[95]

Wahrlich, der einstmals hoch- und von vielen falsch eingeschätzte Michail Sergejewitsch Gorbatschow hat die vielen Ehrendoktorhüte, Orden und Millionen-Honorare wohl verdient. Ausschlaggebend aber war sein Rolle nicht. »Sind wir also einmal geschlagen«, so schrieb Friedrich Engels vor mehr als anderthalb Jahrhunderten, »so haben wir nichts anderes zu tun, als wieder von vorn anzufangen [...], wenn man aber nach den Ursachen der Erfolge der Konterrevolution forscht, so erhält man von allen Seiten die bequeme Antwort, Herr X oder Bürger Y habe das Volk ›verraten‹. Diese Antwort mag zutreffen oder auch nicht [...], aber unter keinen Umständen erklärt sie auch nur das Geringste, ja sie macht nicht einmal verständlich, wie es kam, dass das ›Volk‹ sich derart verraten ließ.«[96]

Solange Linke und die, die sich als solche dünken, davor zurückschrecken, das Kind, in diesem Fall die Konterrevolution, beim Namen zu nennen oder sie gar, wie geschehen, als »zivilisatorischen Fortschritt« bezeichnen, solange werden sie auch die von Engels gestellte Frage nicht erschöpfend beantworten können. Derweil wird die Lüge von der »friedlichen Revolution« auf ihren kurzen, aber stämmigen Beinen quietschvergnügt durch die Lande ziehen und das Volk hinters Licht führen.

Die Frankfurter Allgemeine Zeitung beispielsweise sieht die Probleme der Vereinigung zumeist aus einer politischen Perspektive, also von oben. In den Kommentaren aus Frankfurt am Main heißt es dann vereinfacht gesagt: Wir Westdeutschen haben durch die Transferleistungen im Osten eine hochmoderne Infrastruktur aufgebaut, aber die Ostdeutschen bleiben unzufrieden, undankbar und ungerecht. Sie sind politische Nostalgiker, die der DDR nachtrauern.

Rainer Gries
Der Ossi, das undankbare Wesen,
in: *Sächsische Zeitung*
vom 8. Mai 2010

Lüge Nr. 10
Die undankbaren DDR-Bürger

Lügen sind wie alle Untugenden artenreich. Es gibt faust-
dicke und fromme, gemeine und verzeihliche, plumpe und
glatte, bewusste und unbewusste. Und raffinierte gibt es, sie
werden klammheimlich gefüttert, um dann umso wohl-
genährter die Öffentlichkeit in die Irre zu führen. Zu diesen
gehört die Behauptung, der Osten, die Bürger der DDR,
die Ossis, seien »undankbar« für die Wohltaten, die ihnen
nach 1990 zuteil wurden.

Die führenden Politiker der Berliner Republik verknei-
fen es sich in der Regel, diesen Schwindel öffentlich zu verbreiten. Aus ihrem Munde wird man das Wort von den
»undankbaren Ossis« nicht hören, denn den Ostdeutschen
stößt es bitter auf, allzu leicht könnte es sie bei ihrer Wahl-
entscheidung beeinflussen. Doch was öffentlich nicht
opportun ist, wird heimlich geschürt – durch die Schwarz-
malerei des Lebens der DDR-Bürger vor ihrer Erhöhung in
den Status eines Bundesbürgers, durch Verschweigen der
Mitgift, die die ostdeutsche Braut in die gesamtdeutsche
Ehe eingebracht hat, und schließlich durch überhöhte,
falsche Angaben über den Finanztransfer von West nach
Ost. So ist es denn kein Wunder, dass ein großer Teil der
Westdeutschen annimmt, dass die Landsleute östlich von
Elbe und Werra »undankbar« seien.

Laut dem Ergebnis einer repräsentativen Umfrage des
Meinungsforschungsinstitutes TNS Emnid empfindet jeder
dritte Westdeutsche (32 Prozent) die Ostdeutschen als
»undankbar«. Weitere 35 Prozent sagen, die Mehrheit der

Ostdeutschen sei »zu träge« und würde »zu wenig Eigen-
initiative« entwickeln. Und 43 Prozent sind der Ansicht, der
Osten nehme »zu wenig Rücksicht auf die Sorgen und Nöte
der Westdeutschen«.

Mit anderen Worten: Mehr als 20 Millionen alte Bundesbürger halten die neuen für »undankbar«. In Bayern sind
sogar 41 Prozent dieser Ansicht.

Wer im Osten wissen will, was die von dieser Lüge
Beherrschten denken, der muss keine teure Westreise antre-
ten, es genügt ein kurzer Ausflug in die virtuelle Welt des
Internets und darin ein Besuch in den sogenannten politischen Foren.

Gar Lustiges ist da zu lesen. Zum Beispiel meint der eine:
»Ich vermute, das (*Demonstrieren gegen Hartz IV – R. H.*)
sind Dank- und Fürbittprozessionen, denn so undankbar
kann der Ossi doch nicht sein. Erst leiern sie uns 1,3 Billionen aus dem Kreuz, jetzt machen sie alle auf arbeitslos und
gurken in der Weltgeschichte rum, was Wunder. In jeder
Reportage, egal ob aus Patagonien, Tibet oder Norderney
sächselt es uns fröhlich entgegen. Aber sollen sie doch, ich
finde das in Ordnung, solange sie uns im Ausland ordent-
lich repräsentieren«.

Und ein anderer sieht die Sache so: »Ich finde es undankbar und unverschämt, wenn jemand, dem geholfen wird,
sich darüber mokiert, dass er zu wenig bekommt. dass so
jemand Frust hat, verstehe ich ja, aber den muss man nicht
an der helfenden Hand auslassen. Er sollte sich lieber ein
paar alte Genossen suchen, die heute in der PDS abhängen
und denen die Leviten lesen.«

Ähnliche Auffassungen sind nicht nur im Internet zu finden, zuweilen werden sie auch im öffentlich-rechtlichen
Fernsehen verbreitet; so in der Sendung *Panorama* am 23.
September 1999 zum 10. Jahrestag des Mauerfalls, in der der
Soziologe Dr. Thomas Roethe die Ostdeutschen als »faul«,
»lethargisch und verschreckt und gleichzeitig sehr gut abgefe-
dert und gepampert [...] in der sozialen Hängematte« lie-

gend beschimpfte, ihre »Umerziehung« und eine Debatte forderte, »wie wir die ostdeutsche Bevölkerung dahin kriegen, dass sie endlich anfängt zu arbeiten«. Denn: »Die Ostdeutschen sitzen da wie Sozialismus-Junkies und warten auf die nächste Finanzspritze. Die Opfer sind ganz klar die westdeutschen produktiven Arbeiter und Beschäftigten, die die Summen erwirtschaftet haben, die in den Osten fließen, um dort den Aufbau zu finanzieren«.[97]

Dieser Blick auf die ostdeutschen Landsleute ist extrem, so völlig untypisch ist er keineswegs. Im 20. Jahr nach dem Anschluss der DDR haben Wissenschaftler aus Jena, Leipzig und Österreich ein Buch mit dem Titel »Die Ostdeutschen in den Medien. Das Bild von den Anderen nach 1990« herausgegeben. Darin haben sie untersucht, welche Themen die Berichterstattung der überregionalen westdeutschen Medien über Ostdeutschland prägen: »Bei den Politik- und Wirtschaftsthemen erschienen ostdeutsche Länder und Regionen zumeist passiv: als Objekt politischer Aktivitäten des Westens oder als Empfänger von Zuwendungen. Und im Bereich der Geschichts-Themen dominierte mit Abstand das Problem der ›Stasi‹ und ihrer Machenschaften.«[98]

Nach dem Studium des Buches kommt der Rezensent der Leipziger *Netzeitung* zu dem Schluss, dass die Medien einen »Ostdeutschen an sich« zeichnen, »der ja irgendwie bis heute unter der Kollektivsozialisation von gestern leidet, nicht teamfähig ist, mit Geld nicht umgehen kann und darauf wartet, dass die tollen Entwicklungshelfer aus dem Westen die Karre aus dem Dreck ziehen«.

Beeindruckt von der Untersuchung der Wissenschaftler resümiert er: »So formt sich für den Mediennutzer ein nach wie vor seltsames Bild über den deutschen Osten, in denen Neonazis, Arbeitslose und Täter aus DDR-Zeiten die Hauptrolle spielen[…]. Fast jeder zweite Einwohner der südlichen und westlichen Bundesländer war bis heute nicht im Gebiet der ehemaligen DDR. Viele ganz gewiss abgeschreckt von einer Berichterstattung, die da zwischen Harz und Oder einen Menschenschlag vermuten lässt, der noch rückständiger ist als die Bewohner des Neandertals.«[100]

Der Jammer über die »Rückständigkeit«, »Faulheit« und »Undankbarkeit« der Ostdeutschen findet seine Entsprechung in deren Unzufriedenheit mit ihrer Lage zwei Jahrzehnte nach ihrer Eingliederung in die Bundesrepublik. Wie in einer Studie des Sozialwissenschaftlichen Forschungszentrums Berlin-Brandenburg ermittelt wurde, hatte die subjektive Stimmung der Ostdeutschen bereits im Jahr 2006 einen Tiefpunkt erreicht. Die gefühlte Lebenslage sei so schlecht wie seit 15 Jahren nicht mehr.

Inzwischen hat sie sich weiter verschlechtert. Nach einer Umfrage der Volkssolidarität bewerteten 2009 nur noch 32 Prozent der Ostdeutschen ihre wirtschaftliche Lage mit gut. 1999 seien es noch rund 47 Prozent gewesen. Besonders unzufrieden zeigen sich junge Menschen aus Ostdeutschland. Laut einer 2005 veröffentlichten Langzeituntersuchung, der sogenannten Sächsische Längsschnittstudie, blickten nur 13 Prozent von ihnen optimistisch in ihre persönliche Zukunft und weniger als zehn Prozent der Befragten glaubten daran, dass das jetzige Gesellschaftssystem die aktuellen Probleme lösen könne.

Und in der 2009 veröffentlichten Fortsetzung der Studie heißt es: »Beim Systemvergleich *DDR – heutige Bundesrepublik* schneidet die DDR in sozialer Hinsicht nicht schlechter, sondern von Jahr zu Jahr besser ab – eine nach dem mittlerweile fast zwei Jahrzehnte zurückliegenden Untergang eines Landes vermutlich historisch einzigartige Erscheinung. Das gilt nachweislich in Bezug auf die soziale Sicherheit, die Betreuung der Kinder, das Verhältnis der Menschen untereinander, die Förderung der Familie, den Schutz gegenüber Kriminalität, die Schulbildung, die soziale Gerechtigkeit.«[101]

Etwa ein Viertel der befragten jungen Ostdeutschen ist inzwischen in die westlichen Bundesländer gezogen. Die meisten Befragten halten aber konstant an ihrer »Doppelidentität« fest und fühlen sich als Bundesbürger und als DDR-Bürger. Nach anderen demoskopischen Befragungen empfinden sich drei von vier Ostdeutschen noch immer als Bürger zweiter Klasse. Nur 26 Prozent der Ostdeutschen fühlen sich als vollwertige Bürger akzeptiert.

Angesichts dieser Stimmungslage würden die Regierenden den Unzufriedenen, von denen nicht wenige 1989/90 »Wir sind ein Volk« skandierten, am liebsten zurufen: »Ach Volk, du obermieses, / Auf dich ist kein Verlass. / Heute willst du dieses, / Morgen willst du das.«[102] Aber das geht leider nicht; der Spruch stammt übrigens von Peter Hacks, und der ist in der Bundesrepublik noch immer nicht gut angesehen.

So stehen denn die Aufarbeiter der »SED-Diktatur« vor einem Rätsel. Wie haben sie sich doch im brüderlichen Bunde mit den systemtreuen Medien in den zurückliegenden Jahren geschunden, um den Unrechtscharakter der DDR und ihre Verbrechen bloßzulegen, den untergegangenen Staat zu dämonisieren und damit nachzuweisen, dass jeder Schritt in Richtung Sozialismus des Teufels ist. Und nun das: Trotz aller Mühen und eines unentwegten propagandistischen Trommelfeuers bis hin zur Volksverhetzung ist eine wachsende Mehrheit der Ostdeutschen nicht bereit, die DDR wunschgemäß zu verdammen und die BRD zu glorifizieren.

Die schwarz-rote Bundesregierung zeigte sich von diesem Phänomen ausgerechnet im »Gedenkjahr 2009« so betroffen, dass sie sicherheitshalber das Emnid-Institut beauftragte, mit einer Umfrage Klarheit zu schaffen. Ergebnis: Fast 20 Jahre nach der »friedlichen Revolution« wird die DDR zwischen Kap Arkona und dem Fichtelberg überwiegend positiv beurteilt. 49 Prozent der befragten Ostdeutschen stimmten folgender Einschätzung zu: »Die DDR hatte mehr gute als schlechte Seiten. Es gab ein paar Probleme, aber man konnte dort gut leben.« Ganze acht Prozent meinten, sie habe überwiegend schlechte Seiten gehabt, genau so viele meinten dagegen: »Die DDR hatte ganz überwiegend gute Seiten. Man lebte dort glücklicher und besser als heute im wiedervereinigten Deutschland.«[103]

Seit Jahren grübeln die DDR-Aufarbeiter über die Ursachen derartiger ärgerlicher demoskopischer Ergebnisse und kommen dabei zu teilweise recht sonderbaren Auffassungen. Der letzte DDR-Ministerpräsident Lothar de Maizière sieht die Ursache für die beklagenswerten Ansichten seiner Landsleute darin, »dass viele die Demokratie noch nicht verstanden haben. Sie haben Sehnsucht nach der Zeit, als sie von Staat und Partei quasi an die Hand genommen wurden.« Und de Maizière weiß natürlich, wie schrecklich das war: »In der DDR gab es zum Beispiel nur eine einzige Versicherung. Die Menschen von Eisenhüttenstadt kannten nur das Kombinat. Dort gingen sie in die Kinderkrippe, den Kindergarten, die Poliklinik, das Betriebsferienlager, die Betriebslehrwerkstatt, die Betriebskantine, bekamen einen Job. Mit 14 hatten sie Jugendweihe, mit 18 stellten sie den Antrag auf den Trabi, mit 21 bekamen sie ein Kind. Alles war für die Menschen in der DDR vorgedacht. Plötzlich ist heute Zukunft eine offene Zeit, eine ungestaltete Zeit. Daran kann sich nicht jeder gewöhnen.«[104]

Der Ex-MfS-Aktenverwalter und Vorsitzende der Vereinigung »Gegen Vergessen – Für Demokratie«, Joachim Gauck, sieht das ähnlich. Auch er ist der Ansicht, dass sich die Ostdeutschen zu sehr auf den Staat verlassen: »Sie konnten sich nicht an den Status eines Bürgers gewöhnen, sie erwarten zu viel von denen da oben – wie ein Untertan.« Die Menschen im Osten Deutschlands hätten »nie trainieren können, was es bedeutet, ein Bürger zu sein«. Für sie sei es »außerordentlich schwer, [...] ja zur Freiheit und zur eigenen Verantwortung zu sagen«.[105] Die Bürgerrechtlerin und Merkel-Anhängerin Freya Klier macht es sich leichter, sie macht die Schulen für die »nostalgische Verharmlosung der DDR-Vergangenheit« verantwortlich: »Uns fällt heute auf die Füße, dass nicht beherzigt wurde, was wir schon zu

Beginn der Neunzigerjahre in Initiativen zur Demokratisierung der Ostschulen gefordert haben: die Systemträger unter den Lehrern zu entlassen.« Dagegen schlügen sich die kirchlichen und Privatschulen »recht wacker«.[106] Der Landtagsabgeordnete Thomas Colditz, Bildungssprecher der CDU in Sachsen, ist da anderer Auffassung. Er warnt davor, die Ursache für die »DDR-Verklärung« allein den Schulen anzulasten. Er kennt die wahren Schuldigen: »Einem verniedlichten DDR-Bild in den Köpfen unserer Kinder geht meist ein Versagen im Elternhaus voraus.«[107] Für diese Saumseligkeit der Eltern kennt wiederum General a. D. Jörg Schönbohm, der brandenburgische Innenminister, den wahren Grund. Zornig und enttäuscht beklagt er das Fehlen einer »ehrlichen Selbstreflexion auf das eigene Leben im Räderwerk einer gefährlich alltäglichen Gewohnheitsdiktatur«.[108]

Hubertus Knabe wiederum genügt eine »ehrliche Selbstreflexion« nicht. Dafür war die »Gewohnheitsdiktatur« zu gefährlich. Für ihn gibt es zwei entscheidende Ursachen für die »Verklärung der DDR«: zum einen »die mangelhafte Bestrafung der Täter« und zum anderen »ein fehlender Elitenaustausch nach der Wiedervereinigung«.[109] Der Kommunistenfresser aus Unna will vergessen machen, dass die »Täter« Zehntausenden von Ermittlungsverfahren ausgesetzt wurden (die, von wenigen Ausnahmen abgesehen, nicht das gewünschte Ergebnis brachten) und dass von den circa zwei Millionen Hoch- und Fachschulabsolventen der DDR – rund 400.000 von ihnen befanden sich bereits in der Rente – in den Jahren nach der Anschlussvereinigung weit über eine Million von ihren Arbeitsplätzen vertrieben und sozial benachteiligt wurden.

Fassen wir zusammen: Schuld an der unkritischen, nostalgischen, verklärenden Haltung zum Unrechtsstaat DDR sind unter anderem fehlendes Demokratieverständnis und Untertanengeist der DDR-Bürger, die ostdeutschen Lehrer, die Eltern, die Folgen einer gefährlichen Gewohnheitsdiktatur, der angeblich fehlende Elitenaustausch, die mangelhaft bestraften Täter usw. usf. Statt immer wieder zu rätseln, hätten sich die Regierenden und ihre DDR-Experten Trost und Erklärung schon viel früher und woanders suchen können, z. B. bei der *Frankfurter Allgemeinen.* Die *FAZ* schrieb zum Jahreswechsel 1998/99 zu diesem Thema: »Die unvollständige Kenntnis von den Folgen eines so abrupten Systemwechsels […] hatte Hoffnungen keimen lassen, die nicht zu erfüllen waren. Die wirtschaftlichen, politischen und geistigen Ruinen von über vier Jahrzehnten Anwendung kommunistisch-sozialistischer Irrlehre lassen sich nicht für jedermann und nicht überall schnell genug beseitigen, allzu lange in Trostlosigkeit Versunkenes nicht schnell genug in Blühendes verwandeln.«[110]

Natürlich, so ist es, die »geistigen Ruinen«, die »kommunistisch-sozialistische Irrlehre« sind schuld an der Unzufriedenheit und »Undankbarkeit« vieler Ostdeutscher. Dabei hatte doch schon Frau Noelle-Neumann, die Allensbacher Grand Old Lady der Meinungsforscher, vor Jahren an den Einheitskanzler Kohl geschrieben und vorgeschlagen: Kein Finanztransfer von West nach Ost werde gebraucht, sondern ein Ideologietransfer, denn die Ostdeutschen seien diktatorisch sozialisiert. Sie verstünden weder Demokratie noch Rechtsstaat und wüssten schon gar nicht, was Freiheit ist.[111]

Um diesen Transfer haben sich Heerscharen von Berufspolitikern und Propagandisten redlich bemüht, und um der Wahrheit die Ehre zu geben, sie hatten auch nicht weniges vorzuweisen, was die Einheit den ostdeutschen Brüdern und Schwestern an unbestreitbarem Zugewinn brachte: Meinungs-, Versammlungs- und Vereinsfreiheit, konvertible Währung, ein überaus reiches Warenangebot, prächtige Einkaufspaläste und schmucklose Discountläden mit erschwinglichen Waren, preiswerte technische Geräte vom billigen Farbfernseher bis zum teuren Laptop, Obst und Gemüse zu allen Jahreszeiten und aus aller Welt, Reisen in aller Herren

Länder (so das Geld reicht), sanierte Wohnhäuser, Telekommunikationsverbindungen woher und wohin auch immer, schöne renovierte Stadtzentren und Altstädte, neue Autobahnen und ohne lange Wartezeiten Autos für jeden Geschmack und Geldbeutel. Und als wichtigste Errungenschaft gilt die gewonnene parlamentarische Demokratie.

Wenn das nicht alles Gründe für Dankbarkeit sind, was dann? Es bleibt die Frage, ob das Gewonnene das Verlorene aufwiegt? Und manches sieht aus der Nähe anders aus als aus der Ferne. Das musste auch Sebastian Pflugbeil, Gründungsmitglied des *Neuen Forum*, erfahren. Mitte Dezember 2001 unterzeichnete er gemeinsam mit Wolfgang Ullmann (Gründungsmitglied von *Demokratie jetzt!*), Hans-Jochen Tschiche (Gründungsmitglied des *Neuen Forum*), Christian Führer (Pfarrer in der Leipziger Nikolai-Kirche, Organisator von Friedensgebeten und Montagsdemonstrationen) sowie Hans-Jochen Vogel (Chemnitzer Studentenpfarrer i. R.) und anderen eine Erklärung mit dem Titel »Wir haben es satt«.

In der Zweiwochenschrift für Politik/Kultur/Wirtschaft *Ossietzky* fasst er ihren Inhalt zusammen: »Aus eigener Erfahrung mit der Diktatur in der DDR und aus jüngster Erfahrung mit der parlamentarischen Demokratie in der Bundesrepublik erinnern wir darin an unseren Befund aus dem Jahre 1989: ›Die Kommunikation zwischen Staat und Gesellschaft ist offensichtlich gestört.‹ Wir konstatieren: ›Das war 1989 so. Und das gilt heute wieder.‹ Denn: ›Wir fühlen uns in wachsendem Maße ohnmächtig gegenüber wirtschaftlichen, militärischen und politischen Strukturen, die für Machtgewinn und Profit unsere Interessen in lebenswichtigen Fragen einfach ignorieren.‹

Wir erläutern das mit Beispielen: ›So können wir uns zwar alle vier Jahre bei den Wahlen für eine von vielen streitenden Parteien entscheiden. Wir stellen jedoch fest, dass die Programme dieser Parteien mit der Politik, die sie dann tatsächlich machen, kaum etwas zu tun haben. Die politischen Losungen in der DDR waren selten lustig, sie werden in ihrer Hohlheit von den Wahlwerbungen der Parteien heute übertroffen. Wir haben uns über das Abstimmverhalten der Volkskammerabgeordneten amüsiert. Angesichts des Abstimmverhaltens der Bundestagsabgeordneten ist uns das Lachen vergangen.‹

Unseren Zorn fassen wir in die Worte: ›Wir haben es satt, dass unter dem Banner von Freiheit und Demokratie gegen unsere Interessen regiert wird. Wir haben es satt, uns für dumm verkaufen zu lassen. Wir haben es satt, uns das platte Geschwätz auf Parteitagen anzutun. Wir haben Volksvertreter satt, die unsere Interessen nicht vertreten und das auch noch als Erfolg feiern. Wir haben einen Bundeskanzler satt, der um der Macht willen Abgeordnete dazu bringt, ja zum Krieg zu sagen, wenn sie nein meinen, und nein zu sagen, wenn sie ja meinen.‹«[112]

In der Tat, die Einheit hat den Ostdeutschen auch die Teilnahme am ersten Krieg in Europa nach dem Zweiten Weltkrieg gebracht.

Zwar fielen die Bomben dieses Mal nicht auf Berlin, Dresden oder Leipzig, aber dafür erschlugen sie die Menschen in Belgrad, Novi Sad und Kragujevac. Während der Abschlusskundgebung einer beeindruckenden Antikriegsdemonstration am 8. Mai 1999 auf dem Berliner Gendarmenmarkt hielten kräftige junge Männer vor den Stufen des Schauspielhauses ein überdimensionales langgezogenes Transparent, auf dem in großen Lettern geschrieben stand: »Gäbe es die DDR, es gäbe keinen deutschen Angriff auf Jugoslawien.« Wieder eine hypothetische Feststellung, fern der Realität und doch ein Stück realer Wahrheit. Sollen die jungen Männer, sollen die Ostdeutschen dafür dankbar sein, dass sie wieder an Kriegen und Auslandseinsätzen der Bundeswehr teilnehmen können, dass sie Bürger eines Staates geworden sind, der am fernen Hindukusch verteidigt wird?

Bezüglich der Erkenntlichkeit für erwiesene Wohltaten können die ehemaligen Bürger der DDR noch andere Fragen stellen. Sollen sie dankbar dafür sein, dass

- das von ihnen nach 1945 geschaffene Volkseigentum mit Hilfe der Treuhandanstalt privatisiert wurde und zu 90 Prozent in westdeutsche Hände überging;
- die Regierenden sich trotz aller im Vertrag über die Währungsunion und im »Einigungsvertrag« eingegangenen Verpflichtungen sowie späterer Bundestagsbeschlüsse geweigert haben, eine Bilanz ihres Vermögens, des volkseigenen Gesamtvermögens der DDR per 2./3. Oktober 1990, vorzulegen, weil »die Bundesregierung keinen Sinn darin sieht, eine solche Bilanz nachträglich aufzustellen«;[113]
- mit der Währungsunion für einen großen Teil ihrer Sparkonten ein Kurs von 2 Mark gleich 1 DM festgesetzt und damit ihre Ersparnisse nahezu halbiert wurden, obwohl in einem Grundsatzpapier des Bundesfinanzministeriums festgestellt worden war, dass die Verbraucher-Kaufkraft von 1 Mark der DDR 1,07 DM der Bundesrepublik entsprach;
- nach der Währungsunion und dem segensreichen Wirken der Treuhand Millionen ihren Arbeitsplatz verloren und sich Ostdeutschland aus einem Industriestaat in ein Entwicklungsgebiet innerhalb der EG/EU verwandelte;
- über eine Million Hoch- und Fachschulabsolventen der DDR aus dem Berufsleben ausgegrenzt wurde und zu großen Teilen in soziale Unsicherheit oder in Tätigkeiten mit niedrigeren Qualifikationsmerkmalen und Einkommen getrieben wurde;
- die Unterschiede in den Einkommen zwischen Ost und West weiterhin gravierend sind, die Tariflöhne Ost den im Westen gezahlten hinterherhinken und der Wert ostdeutscher Rentenpunkte noch immer nur 88,7 Prozent der westdeutschen beträgt, ein diskriminierender Unterschied, der nach Berechnungen der Bundesregierung erst bis zum Jahr 2040 beseitigt sein soll;

• ihnen ein kommerzialisiertes Mehrklassen-Gesundheits-
und ein antiquiertes längst reformbedürftiges Bildungssystem übergestülpt wurden?

Die Liste dieser Fragen ließe sich fortsetzen. Wenn es
jedoch um die vermisste Dankbarkeit der Ostdeutschen geht,
dann ist nicht nur nach dem zu fragen, was der Anschluss
ihnen gebracht hat, sondern auch nach dem, was sie mit ihm
verloren haben. Auch das ist nicht gerade wenig.

Auf der Verlustliste stehen: Vollbeschäftigung und keine
Angst um den Arbeitsplatz; niedrige Mieten und keine
Obdachlosigkeit; niedrige Tarife für Strom, Gas, Wärme,
Wasser und Entwässerung; niedrige, langfristige Pachten für
Wochenendgrundstücke und Kleingärten; umfassende För-
dermaßnahmen für Frauen und Jugendliche, junge Eheleute
und kinderreiche Familien; Abgabe von Medikamenten und
Krankenhausaufenthalte ohne Zuzahlungen, vorbildliche Be-
treuung von Schwangeren; ein dichtes Netz von Theatern,
Orchestern, Museen, Bibliotheken, Kulturhäusern und Klubs
für die Jugend; niedrige Preise für Bücher, Zeitungen und
Zeitschriften sowie für die Benutzung von Bibliotheken, für
Kino-, Theater-, Konzert- und Museumsbesuche; weitge-
hende Chancengleichheit im Bildungswesen, unentgeltlicher
Besuch aller staatlichen Bildungseinrichtungen, Stipendien
für alle Studenten unabhängig vom Einkommen der Eltern;
unentgeltliche Kinderbetreuung, minimale Preise für Essen
und Milch in Kinderkrippen und -gärten sowie für Schul-
speisung und Teilnahme an Ferienlagern; ein entwickeltes
System der Berufsausbildung ohne Mangel an Ausbildungs-
plätzen und nahtloser Übergang in den erlernten Beruf;
vorbildliche gesundheitliche Betreuung der Kinder und
Jugendlichen von obligatorischen Schutzimpfungen bis zu
wiederkehrenden prophylaktischen Untersuchungen auf
allgemein- und zahnmedizinischem Gebiet.

Einige dieser Verluste werden von den Medien großzügi-
gerweise sogar anerkannt, aber gleichzeitig fordern sie, doch
bei aller »Jammerei« die Milliarden und Abermilliarden

nicht zu vergessen, die seit 20 Jahren von West- nach Ostdeutschland gepumpt werden. Wäre das nicht wenigstens ein
Grund für Dankbarkeit? Unstrittig ist, dass tatsächlich Jahr
für Jahr – nicht zuletzt zur Abschwächung der sozialen Folgen der Zerstörung der sich selbsttragenden Wirtschaft der
DDR beträchliche Finanzmittel nach Ostdeutschland trans-
feriert werden. Zwar betragen die »speziellen Begünstigungen
der neuen Bundesländer« jährlich nicht, wie immer wieder
behauptet wird, annähernd 100 Milliarden Euro, sondern,
wie die Deutsche Bundesbank errechnete, 25 Milliarden
Euro[114] – aber auch das ist eine gewaltige Summe.

1999 hatte sich die Schröder-Fischer-Regierung in ihrem
Jahresbericht zum »Stand der deutschen Einheit« in betonter
Abgrenzung von der CDU/CSU/FDP-Vorgängerregierung
für »mehr Ehrlichkeit in der Darstellung der Leistungen für
den Aufbau Ost« ausgesprochen und verlangt: »Dem Aufbau
Ost sollten nur die Leistungen zugerechnet werden, die die
Entwicklung in den neuen Ländern gezielt voranbringen
[…]. Damit stehen im Bundeshaushalt 1999 rund 40 Milli-
arden DM für den Aufbau Ost zur Verfügung«.[115] Dessen
ungeachtet sprechen selbstlose Aufbauhelfer mit schöner
Regelmäßigkeit von den »etwa 120 bis 130 Milliarden Euro
Finanzausgleich zur Aufbausituation der neuen Länder«, die
»wir leisten jedes Jahr«.[116]

Der der Affinität zu Ostdeutschland unverdächtige *Stern*
bezeichnete diese Angaben als »reichlich ungenau« und
schrieb: »Der als bundesstaatlicher Finanzausgleich bezeichnete Transfer, den Bund und finanzstarke Länder gemäß
Grundgesetz zur ›Wahrung der Einheitlichkeit der Lebens-
verhältnisse‹ leisten, betrug 2004 insgesamt ›nur‹ 31,1 Milliarden Euro. Davon fielen 26,6 Milliarden an die neuen
Länder, der Rest floss in finanzschwache westdeutsche Länder […].

Von 1991 bis 2003 beliefen sich die Brutto-Transferleis-
tungen nach Berechnungen des Instituts für Wirtschaftsforschung Halle (IWH) auf annähernd 1,28 Billionen Euro.

Werden die in den Ost-Ländern 1991 bis 2003 geleisteten Steuern und Sozialabgaben von etwa 300 Milliarden Euro abgezogen, bleibt laut IWH am Ende ein Netto-Transfer von 980 Milliarden Euro. Das sind immer noch gewaltige Zahlen. Die nur für den Osten geltenden Sonderleistungen und Hilfen sind nach Darstellung nicht nur der ›Wirtschaftsweisen‹ aber weit geringer. Denn die meisten Transfers folgen bundeseinheitlichen Vorgaben – die Gelder stehen also west- wie ostdeutschen Ländern und Gemeinden zu. Das reicht vom Finanzausgleich über Ausgaben für Rente, Bafög, Arbeitsmarkt, Bundeswehr, Hochschulen, Straßen oder Kindergeld. Die reinen Ost-Hilfen – Solidarpakt- oder Wirtschaftsfördergelder – betrugen laut Sachverständigenrat bisher jährlich rund 15 Milliarden.«[117]

Auch das bleibt eine große Summe. Allerdings wird dabei der Transfer von Ost nach West nicht berücksichtigt; weder der vor dem Anschluss in Gestalt der von der DDR auch für die Bundesrepublik geleisteten Reparationszahlungen nach dem Zweiten Weltkrieg sowie der Verluste, die der DDR-Volkswirtschaft infolge der gezielten Abwerbung von hochqualifizierten Arbeitskräften zugefügt wurden, noch der danach durch die Übernahme des Löwenanteils des volkseigenen Vermögens der DDR in Höhe von etwa 1.300 bis 1.400 Milliarden DM durch westdeutsche Banken und Versicherungsanstalten, Konzerne und Aktiengesellschaften, Privatisierer und Liquidatoren volkseigener Betriebe. Und nicht zu vergessen: Gelder für den Osten füllen die Taschen von Investoren aus dem Westen, denn ihre Gewinne fließen von Ost nach West.

Auch die Wanderung von leistungsstarken jungen Männern und Frauen in der gleichen Richtung bedeutet einen enormen Transfer zu Ungunsten Ostdeutschlands. Im Frühjahr 2005 wandte sich der Vorsitzende der Gesellschaft für Bürgerrecht und Menschenwürde (GBM), Prof. Dr. Wolfgang Richter, in einem Schreiben zu sozialpolitischen Fragen an Bundeskanzler Gerhard Schröder. Darin stellte er fest: »Seit 1990 sind mindestens 1,5 Millionen Bürger der erwerbsfähigen Altersgruppen aus den neuen Bundesländern abgewandert, weil sie keine Aussicht auf einen stabilen Arbeitsplatz hatten. Eine weitere Million arbeitet im Westen und wohnt im Osten. Damit werden die neuen Bundesländer zum Altersheim Deutschlands [...]. Schmerzhaft empfinden die Bürger in den neuen Bundesländern Darstellungen, nach denen sie als Ballast, angeblich den modernen Anforderungen nicht gerecht werdende Menschen und Jammerer verunglimpft werden.«[118]

Eine Antwort des Kanzlers wurde nicht bekannt.

Warum auch? Schließlich ist die Verödung ganzer Landstriche im Osten, so in Vorpommern, der Uckermark, der Prignitz, der Altmark, der Oberlausitz und im Mansfelder Land, kein Problem, sondern eine »Riesenchance«, denn Deutschland braucht solche Landschaften als »ökologische Ausgleichsgebiete für den Klimawandel«. Das zumindest meint Joachim Ragnitz, Experte für den Strukturwandel am Institut für Wirtschaftsforschung in Halle.[119] Und Rainer Klingholz, Direktor des Berlin-Instituts für Bevölkerung und Entwicklung, bemerkt: »Die Menschen stimmen selbst seit der Wende mit den Füßen ab, wo die Zukunft solcher Landstriche liegt – in der Renaturierung.« Rund ein Drittel der ehemaligen DDR könnte getrost der Schöpfung zurückgegeben werden. Kleine Dörfer würden über kurz oder lang von der Landkarte verschwinden.[120] Gewissermaßen: retour à la nature! Zurück zur Natur! Der Dritte im wirtschaftswissenschaftlichen Bunde, Thomas Straubhaar, Chef des Hamburger Weltwirtschaftsinstitutes, schließlich tritt dafür ein, den Prozess der Entvölkerung nicht zu stoppen, sondern noch zu beschleunigen.[121]

Wahrlich prächtige Perspektiven!

Die ständige Wiederholung der Behauptung, dass Milliardensummen in das »ostdeutsche Fass ohne Boden« geworfen würden, ist für die Ostdeutschen kein Anlass, sich, gerührt von der westdeutschen Solidarität, überschwänglich zu bedanken. Im Gegenteil, die ewigen Litaneien über die Transfers von West nach Ost sind, wie Klaus Höpcke, einst stellvertretender DDR-Kulturminister, treffend bemerkte, verwerflich, »weil sie die deutsche Nation weiter spalten. In ihren im westlichen Teil Deutschlands siedelnden Angehörigen wird das falsche Bewusstsein genährt, sie allein seien die Fleißigen, die Arbeitsamen, die ihre im Osten lebenden Landsleute aushalten müßten, weil die weder sich richtig anstrengen könnten oder wollten, noch mit Geld sinnvoll umzugehen verstünden.«[122]

Nein, die Lüge von der »Undankbarkeit« stellt alle Tatsachen auf den Kopf. Die Ostdeutschen sind nicht undankbar, auch sie bezahlen ihren »Solidaritätszuschlag« und betrachten ihre Lage lediglich nüchtern. Sie sehen dem »geschenkten« Gaul ins Maul und stellen fest, dass er viele faule Zähne hat. In ihrer Mehrheit sind sie Atheisten, trotzdem würden viele von ihnen eher das uralte »Jesu-Herz-Büchlein« in die Hand nehmen und ausrufen: »Nun danket alle Gott, mit Herzen, Mund und Händen«, als dass sie sich bei den Konzernen und deren politischem Personal bedanken, die ihnen das Fell über die Ohren gezogen haben.

Wenn, wie es heißt, Nostalgie eine wehmütige Hinwendung
zur Vergangenheit ist, die in der Erinnerung oftmals stark
idealisiert und verklärt reflektiert wird,
wie es bei Wikipedia heißt,
dann sollte man die Vertreter der Erinnerungsindustrie
und ihre offiziösen Propagandisten in Politik, Medien
und Wissenschaft auch so nennen, was sie sind:
Nostalgiker.

Der Gedenkmarathon

Die Jahre 2009 und 2010 sind mit fetten Lettern in das Buch der deutschen Geschichte eingetragen. Nicht weil die heftigste Finanz-und Wirtschaftskrise seit Bestehen der Bundesrepublik das Land erschütterte, die SPD die schmählichste Wahlniederlage seit 1945 erlitt, die CDU-Bundeskanzlerin wiedergewählt wurde und nun mit der FDP, der Partei der Besserverdienenden, regiert. Auch nicht weil die Regierenden eingestehen mussten, am fernen Hindukusch Krieg zu führen oder weil die BRD den Titel »Exportweltmeister« ausgerechnet an China verlor. Nein, der Grund für den dicken Eintrag ist erhabener: 2009 und 2010 sind die großen Gedenkjahre, in denen der 20. Jahrestage der Großen Deutschen Friedlichen Freiheitsrevolution, kurz: der »friedlichen Revolution«, des Mauerfalls und der »Wiedervereinigung« des Vaterlandes gedacht wurde.

Tatsächlich, es waren wahrhaft denkwürdige Jubiläen, an deren Vorbereitung und Durchführung die politische und ökonomische Crème de la Crème der Gesellschaft und die von ihnen beherrschten Regierungs- und regierungsnahen Institutionen beteiligt waren.

Um welche gewaltigen historischen Dimensionen es ging, hat die vom Bundestag ins Leben gerufene »Stiftung zur Aufarbeitung der SED-Diktatur«, die Eppelmann-Stiftung, deutlich gemacht, als sie im Frühjahr 2008 verkündete: »2009 können die Menschen in Deutschland und Europa auf das Freiheitsjahr 1989 als zentralen, gemeinsamen Bezugspunkt in der jüngeren Vergangenheit zurückblicken. Die friedliche Revolution vollendete in Deutschland das Vermächtnis der französischen Revolution von 1789, des demokratischen Frühlings von 1848 und der deutschen Revolution von

1918/19. [...] Die Bundesstiftung zur Aufarbeitung der SED-Diktatur nimmt die 20. Jahrestage der friedlichen Revolution und der deutschen Einheit zum Anlass, die epochale Bedeutung dieser herausragenden Ereignisse in der deutschen und europäischen Freiheits- und Demokratiegeschichte hervorzuheben.«[123] Und sie hat Wort gehalten.

Zahllose Gedenkveranstaltungen, geförderte Studienprogramme, Wanderausstellungen, Errichtung von Gedenktafeln und -steinen, eine Geschichtsmesse »20 Jahre friedliche Revolution und deutsche Einheit« im thüringischen Suhl und das »Berliner Geschichtsforum 2009« zeugten von ihrem postrevolutionären Fleiß. Selbstredend stand die Stiftung in ihrem Kampf um die Deutung der Geschichte der DDR nicht allein. An ihrer Seite standen bekannte DDR-Experten und -Aufarbeiter sowie selbstredend die Konzernmedien. Diese gaben ihr Letztes, nicht selten war es auch das Allerletzte, um den »Unrechtsstaat« zu verdammen und »Revolution« sowie Mauerfall zu würdigen.

Bundespräsident Horst Köhler höchstselbst kämpfte unermüdlich mit, so auch bei der Einstimmung auf die Gedenkjahre, als er im großen Festsaal im Schloss Bellevue in Anwesenheit Eppelmanns 80 Gymnasiasten aus Wittenburg (MV) und aus Berlin-Neukölln zum Gespräch mit Zeitzeugen, die unter dem DDR-Unrechtsregime gelitten haben, empfing. In einem Grußwort warnte er die Jugendlichen vor einer Verklärung des untergegangenen Staates und vor allem davor, die soziale Sicherheit in der DDR zu loben. Zur dort herrschenden politischen Knechtung unangepasster junger Menschen fand er beeindruckende Worte: »Selbst Jugendliche, die sich gar nicht politisch engagierten, konnten in das Räderwerk der Unterdrückung geraten. Es reichte in der DDR schon, seine eigene Musik hören, seinen eigenen Berufswunsch verfolgen oder sich seine Freunde selber aussuchen zu wollen.«[124]

Angesichts solch unglaublicher, von höchster Stelle beglaubigter Unterdrückung war es nicht verwunderlich, dass in den Gedenkjahren immer mehr Gedenkstätten, die an die Untaten des Unrechtsregimes erinnern, eröffnet oder erweitert wurden. In Knabes Gruselgefängnis in Berlin-Hohenschönhausen wurden so viele Schüler geschleppt, dass das Honorargeld für die MfS-Knast-Führer ausging und der Staat mit zusätzlichen 70.000 Euro einspringen musste. Zeitzeugen verbreiteten immer schaurigere Geschichten über den Unterdrückungsmechanismus. Kein Tag verging, an dem die Medien, die Print- wie die elektronischen, die öffentlich-rechtlichen wie die privaten, nicht der Mauer und ihrer Folgen gedachten, ohne freilich deren vielfältige nationale und internationale Ursachen zu erwähnen. In Endlosschleifen von Funk und Fernsehen wurden Ulbrichts Worte »Niemand hat die Absicht …«, Genschers Freiheitsverkündigung an die DDR-Bürger in der Prager BRD-Botschaft und das Gestammel Schabowskis über die Ab-Sofort-Gültigkeit der Grenzöffnung wiederholt. Erklärungen der MfS-Unterlagen-Verwalterin Marianne Birthler waren so gefragt, dass diese sich um ihren Arbeitsplatz keine Sorgen machen musste; sie ließ sich gar zu der Drohung hinreißen, die Aufarbeitung der DDR-Vergangenheit stehe erst am Anfang. Kein Zweifel: Der Lügenberg soll weiter wachsen.

In dieser Aufarbeitungseuphorie konnte sich selbst der Bürgerrechtler und namhafte Theologe Friedrich Schorlemmer nicht zurückhalten. Im *Neuen Deutschland* meldete er sich zu Wort und zeigte in einer tiefschürfenden Analyse die Ursachen für den Untergang der DDR auf, darunter diese: »Wer das ›Reich der Freiheit‹ verspricht und seiner Staatssicherheit alle Freiheit gibt, produziert Atemnot. Wer nicht in der Lage ist, regelmäßig Toilettenpapier vorzuhalten und Zahnbürsten auch nicht, muss an den Weichteilen seiner Bürger scheitern – von Obst und Gemüse ganz zu schweigen.«

Welche »Weichteile« gemeint waren, verschwieg der Theologe. Dafür teilte er mit, dass das DDR-System durch »umfassende Kontrolle permanente Angst produziert(e) […], und eine ziemlich marode Industrielandschaft und eine ökologische Giftküche hinterließ«.

Unter den Schuldigen an dem Desaster fand er auch einen Ausländer, den »einst vom deutschen Generalstab ausgehaltene(n) Uljanow-Lenin«, der immer »bedrohend zitiert (wurde), wonach eine Revolution nur so viel wert sei, wie sie sich zu verteidigen wisse«. Dadurch habe sich »systematisch ein roter Militarismus« herausgebildet.[125]

Der Theologe, der den rot-militaristischen, an Atemnot leidenden, maroden und vergiftet untergegangenen Staat so treffend charakterisierte, hatte in den Herbststürmen '89 und zuweilen auch später noch ein wenig anders gedacht und argumentiert. Neben Volker Braun, Stefan Heym, Christa Wolf, Walter Janka und anderen gehörte er zu den Erstunterzeichnern des Aufrufs »Für unser Land«, der sich gegen einen »Ausverkauf unserer materiellen und moralischen Werte« und eine Vereinnahme der DDR durch die BRD wandte und dafür eintrat, die Chance zu nutzen, »in gleichberechtigter Nachbarschaft zu allen Staaten Europas eine sozialistische Alternative zur Bundesrepublik zu entwickeln«.[126]

Nun gut, gehen wir mit dem langjährigen Studienleiter der Evangelischen Akademie Sachsen-Anhalt nicht allzu hart ins Gericht. In Gedenkjahren denkt so mancher anders als er früher gedacht hat. Einer allerdings, Hubertus Knabe, der Experte für das MfS und Rächer ihrer Opfer, hat offenkundig schon immer so gedacht wie er denkt. Das von ihm mit nachgebauten schrecklichen Folterzellen ausgestattete MfS-Gefängnis in Berlin-Hohenschönhausen bezeichnet er als »Dachau des Kommunismus« und die »Opfer der SED-Diktatur« stellt er auf eine Stufe mit den 60 Millionen Opfern der faschistischen Diktatur. Ausgerechnet der Mann, der den Hitler-Faschismus so bagatellisiert und die DDR so maßlos verleumdet, wurde von Bundespräsident Köhler im Gedenkjahr 2009 als »einer der konsequentesten Vertreter der Interessen der Opfer der SED-Diktatur« mit dem Verdienstorden der Bundesrepublik, der höchsten Auszeichnung, die das Land zu vergeben hat, geehrt. Das

Staatsoberhaupt Köhler weiß nur zu genau um die Verdienste Knabes, schließlich hat er dessen Folterkammern in Berlin-Hohenschönhausen persönlich besichtigt und bei dieser Gelegenheit gemahnt: »Wir dürfen die Erinnerung an das SED-Unrechtsregime nicht verblassen lassen.«[127]

Damit die Erinnerung an dieses schreckliche Regime lebendig bleibt, leistet Köhler bei jeder passenden Gelegenheit seinen Beitrag, nicht nur bei den gemeinsam mit Eppelmann organisierten Treffen mit Schülern im Schloss Bellevue, insgesamt fünf an der Zahl, sondern auch mit beeindruckenden Reden außerhalb seines Amtsitzes. So bekanntlich auch am 9. Oktober 2009 auf dem Festakt zum 20. Jahrestag der Leipziger Montagsdemonstration, als er die damalige Lage unter anderem so schilderte: »Vor der Stadt standen Panzer, die Bezirkspolizei hatte Anweisung, auf Befehl ohne Rücksicht zu schießen. Die Herzchirurgen der Karl-Marx-Universität wurden in der Behandlung von Schußwunden unterwiesen, und in der Leipziger Stadthalle wurden Blutplasma und Leichensäcke bereitgelegt.«[128]

Es war eine der Lügen, die ausnahmsweise sofort platzten, denn erwiesenermaßen hatte es weder Befehle zum Schießen noch Panzer vor der Stadt oder die anderen schaurigen Vorbereitungen auf ein Massaker gegeben. Angesichts dessen sah sich der Festredner gezwungen, seinen Sprecher erklären zu lassen: »Sollte sich herausstellen, dass uns ein Fehler unterlaufen ist, so würden wir das sehr bedauern.«[129]

Doch es war kein »Fehler«, sondern eine grobe Fälschung. Und wer ist »wir«? Seine Hoheit, der Bundespräsident? Dieser jedenfalls verzichtete auf eine persönliche Entschuldigung oder Klarstellung. Er hatte anderes zu tun, unter anderem musste er sich auf weitere Highlights der Feiern zum Revolutionsjubiläum vorbereiten.

Höhepunkt der Gedenkfeierlichkeiten 2009 war zweifellos das große »Fest der Freiheit« zum 20. Jahrestag des Mauerfalls am Brandenburger Tor in Berlin. Unter dem Jubel des Publikums, vorwiegend ausländische Touristen, fielen

1.000 zweieinhalb Meter hohe Dominosteine, die die Mauer symbolisierten. Unvergesslich, wie die Steine fielen – zumal der Eintritt, wie die Veranstalter ausdrücklich mitgeteilt hatten, frei war. Zu verdanken war das zahlreichen Sponsoren, darunter solchen Volksfreunden wie Vattenfall, GASAG und Coca Cola.

Schon bevor die Kunstmauer in Anwesenheit der Bundesprominenz sowie hoher und höchster ausländischer Repräsentanten »einstürzte«, wanderten Himmelsboten, acht Engel mit bis zu vier Metern großen Flügeln, auf Gebäuden entlang des ehemaligen Grenzverlaufs, und auch auf Erden zeigte sich ein Engel, Angela, Deutschlands Bundeskanzlerin Merkel. Sie sang das Hohelied der Freiheit: »Der heutige Tag, der 9. November, markiert eine wahrhaft glückliche Stunde der deutschen und der europäischen Geschichte. Heute vor 20 Jahren öffnete sich die Mauer, es öffnete sich das Tor zur Freiheit […].

Es begann eine Ära der Einigkeit, des Rechts und der Freiheit – in ganz Deutschland und in ganz Europa. […] Freiheit entsteht nicht von selbst. Freiheit muss erkämpft werden. Freiheit muss immer wieder verteidigt werden. Dann bleibt Freiheit, was sie ist: das kostbarste Gut unserer politischen und gesellschaftlichen Ordnung. Ohne Freiheit keine Demokratie, ohne Freiheit keine Vielfalt, keine Toleranz und damit auch kein einiges Europa. […] Wir haben allen Grund, heute miteinander ein fröhliches Fest der Freiheit zu feiern […]. Nutzen wir also das unschätzbare und alles andere als selbstverständliche Gut der Freiheit. Folgen wir gemeinsam weiter ihrem Ruf. […]

Wenn wir daran glauben, werden wir es schaffen – angespornt von der Idee der Freiheit«.[130]

Als sich nach dem Jubelfest kritische Stimmen zu dem inflationären Freiheitsgedöns mehrten, sprang das bewährte CDU-Mitglied und DDR-Sachverständige Vera Lengsfeld in die Bresche und wies in einem vom *Tagesspiegel* veröffentlichten Brief die Kritiker zurecht: »Freiheit ist […] kein leerer

Begriff. […] Die Menschen, die 1989 das Joch der Unfreiheit abgeschüttelt haben, wollten ihr Schicksal in die eigenen Hände nehmen, nicht das Paradies auf Erden errichten. Alle haben dabei gewonnen. Den Hartz-IV-Empfängern geht es heute materiell besser, als es dem DDR-Durchschnittsverdiener trotz harter Arbeit je ging.«[131]

Diese Feststellung traf ebenso ins Schwarze wie die Monate später folgende Erklärung ihrer Schwester im Geiste, Sabine Bergmann-Pohl, Präsidentin der letzten Volkskammer der DDR und damit »amtierendes Staatsoberhaupt«: »Ich beobachte oft eine Frustration wegen der hohen Arbeitslosigkeit und der vielen Lebensbrüche. Aber man muss den Menschen erklären, dass dies nicht die Folgen der Wiedervereinigung sind, sondern die Folgen der desaströsen Wirtschaftslage in der DDR.«[132]

Einige Freiheitsfreunde konnten das eigentliche Mauerfalljubiläum gar nicht abwarten und veranstalteten schon vorher diverse Feierstunden. Eine fand am 31. Oktober, am Vorabend des Allerheiligenfestes, im Berliner Friedrichstadtpalast statt. Sie war bemerkenswert; vielleicht nicht gerade deswegen, weil Bundespräsident Köhler den erschienenen drei Heiligen, den »Vätern der Einheit« Kohl, Bush sen. und Gorbatschow, Dank aussprach, auch nicht, weil Bush Helmut Kohl als »stabilen Fels« und »großen Staatsmann« würdigte und dieser bekannte, »nichts Besseres« zu haben, »als auf die deutsche Einheit stolz zu sein« und dabei die »blühenden Landschaften« doch glatt vergaß.

Auch nicht, weil Michail Gorbatschow dem gebrechlichen Freund Kohl wiederholt die Hand tätschelte, und als einziger das Wort »DDR« in den Mund nahm, die »das Fenster nach Deutschland« gewesen sei, und tunlichst vermied, an seinen Besuch 1986 an der Mauer und seinen Eintrag in das Gästebuch zu erinnern: »Am Brandenburger Tor kann man sich anschaulich davon überzeugen, wieviel Kraft und wahrer Heldenmut der Schutz des ersten sozialistischen Staates auf deutschem Boden vor den Anschlägen des

Klassenfeindes erfordert. Die Rechnung der Feinde des Sozialismus wird nicht aufgehen. Das Unterpfand dessen sind das unerschütterliche Bündnis zwischen der DDR und der UdSSR sowie das enge Zusammenwirken der Bruderländer im Rahmen des Warschauer Vertrages.«[133]

Besonders bemerkenswert an dem festlichen Event im Friedrichstadtpalast waren die Veranstalter. Neben der Konrad-Adenauer-Stiftung war das die Axel Springer AG. Die *Bild*-Zeitung gab sich die Ehre, nach der Feier hundert Gäste »aus Politik, Wirtschaft und Gesellschaft« in den Journalistenclub im 19. Stockwerk ihres Verlagshauses zu einem festlichen Empfang einzuladen. Friede Springer begrüßte die Gäste, die sich um die Einheit und den befreiten Osten Deutschlands verdient gemacht haben, darunter ihre Freundin, die Bundeskanzlerin, die drei »Väter der Einheit« sowie Josef Ackermann, Birgit Breuel, Volker Rühe, Guido Westerwelle und Jörg Schönbohm. Es war eine illustre Gesellschaft, die bei Springer unter einem Hauch von Berlusconis Medien-Demokratie die »friedliche Revolution« feierte. Nur die friedlichen Revolutionäre fehlten, und auch später am Brandenburger Tor waren sie nicht gerade zahlreich vertreten.

Auch die einst gerühmte Bürgerrechtlerin Bärbel Bohley blieb in der endlos langen Life-Übertragung des Fernsehens unsichtbar. Sie hatte es abgelehnt, einen der symbolischen Mauersteine umzuwerfen und zuvor einen von den allermeisten Medien verschwiegenen peinlichen Misston in den konzertierten Gedenkjahrjubel gebracht, indem sie in einem Rückblick auf das Jahr 1989 erklärt hatte: »Wenn ich an mich denke, dann setzte ich alles daran, eine andere Gesellschaft zu erreichen, und ich merke heute: Das ist ja alles noch viel schlimmer, perspektivloser, ressourcenvergeudender und unsozialer als damals.«[134] So wie Bärbel Bohley, die »Mutter der Revolution«, zur großen Revolutionsfeier unbemerkt blieb, so vermisste man im überreichen Gedenkveranstaltungsangebot eine gebührende Würdigung der Gründung der Treuhandanstalt mit Konferenzen, Symposien und Festlichkeiten aller Art. Das hat die Treuhandanstalt wahrlich nicht verdient. Ausgerechnet die Institution, mit der die Revolution siegreich vollendet, das verfluchte Volks- in das gelobte Privateigentum und die kommunistische Misswirtschaft in die aufblühende kapitalistische Marktwirtschaft verwandelt wurden, wurde nicht angemessen gewürdigt.

Ja, kennen Eppelmann und die anderen Jubiläumsvorbereiter nicht deren Schlüsselrolle? Haben sie vergessen, was der Hauptsprecher der CDU, Dr. Dieter Schulte, in der abschließenden Diskussion zum Bericht des Treuhand-Untersuchungsausschuss im Bundestag feststellte? »Die Tätigkeit der Treuhandanstalt wird zukünftig von Ökonomen als gelungenes Beispiel für die erfolgreiche Überführung einer sozialistischen Planwirtschaft in die Soziale Marktwirtschaft gewürdigt werden und als eine einmalige Leistung in die Wirtschaftsgeschichte eingehen. [...]

In den neuen Ländern sind moderne Unternehmen und Industrieanlagen mit zukunfts- und wettbewerbsfähigen Arbeitsplätzen entstanden, und sie entstehen weiterhin. Sie sind deshalb in kürzester Zeit zum größten Wachstumsgebiet mit der höchsten Erneuerungsdynamik in Europa geworden.«[135]

Nun gut, den Abgeordneten Dr. Schulte aus Schwäbisch Gmünd muss man nicht unbedingt kennen. Aber was eine solche Koryphäe wie Kurt Biedenkopf argumentations- und wortgewaltig in der Parlamentsdebatte zum segensreichen Wirken der Treuhand unter anhaltendem Beifall der CDU/CSU und der FDP feststellte, das muss sich doch für alle Zeiten eingeprägt haben: »Ich bin überzeugt davon, dass das, was in den ersten vier Jahren zum Aufbau Ost, zur Privatisierung etc. geleistet worden ist, einmal als eine sehr bedeutende politische Leistung gewürdigt werden wird.«[136]

Trotz dieser »bedeutenden politischen Leistung«, immerhin hat die Treuhand in nur vier Jahren 3.495 Betriebe liquidiert, 2,6 Millionen Arbeitsplätze beseitigt, die Industrieproduktion Ostdeutschlands innerhalb von nur zwei Jahren auf ein Drittel reduziert – eine in der Welt einmalige ökonomische Großtat – die Bürger von der Last ihres Pro-kopfanteils am Volksvermögen von 40.000 DM befreit und entschädigungslos enteignet sowie ein Wirtschaftsvermögen von 600 Milliarden in einen Schuldenberg von 256 Milliar-den DM verwandelt, wurde die Anstalt zur Restauration des Kapitalismus in den Gedenkjahren nicht gebührend gewürdigt.

Nicht viel anders erging es dem 20. Jahrestag der »ersten freien und demokratischen Wahlen« vom 18. März 1990, mit denen das Ende der DDR besiegelt wurde. Obwohl die letzte Wahl der Volkskammer ein Markstein auf dem Weg zur Wie-dergewinnung der deutschen Einheit war, gab es in den Medien zwar Gedenkartikel, jedoch Konferenzen, Works-hops, Symposien oder Foren fanden zu diesem bedeutenden Jubiläum nicht statt. Auch die Merkel-Westerwelle-Regie-rung verzichtete auf einen Staatsakt mit vorausgehendem Gedenkgottesdienst ebenso auf ein großes Jubelgedenkvolks-fest am Brandenburger Tor oder auf der freien Fläche im Her-zen Berlins, wo einst der Palast der Republik stand, in dem schließlich die Wahlzentrale eingerichtet war. Lediglich der Bundestag veranstaltete in einer Pause seiner Haushaltsde-batte eine Feierstunde, zu der die ehemaligen Abgeordneten der letzten Volkskammer eingeladen waren und in der der DDR-Übergabe-Premier Lothar de Maizière ein »Plädoyer für die Freiheit« hielt, in dem er das Kunststück vollbrachte, mit keinem einzigen Wort auf die Wahlergebnisse, den Ver-lauf des Wahlkampfes, die Wahllosungen und -versprechun-gen einzugehen.

Warum nur diese Scheu, diese Zurückhaltung? Doch nicht etwa wegen der kleinen Schönheitsfehler, die diese Wahl aufwies? Gewiss passt die in der europäischen Ge-schichte einmalige völkerrechtswidrige Einmischung der BRD in das Wahlgeschehen eines souveränen Nachbarstaa-tes schlecht zu den Attributen »frei« und »demokratisch«.

Freilich ist es eine Tatsache, dass Heerscharen von bundesdeutschen Parteigrößen von Kohl bis Brandt auf unzähligen Wahlkundgebungen in der DDR auftraten, zig Tonnen bundesdeutsches Propagandamaterial das Land überschwemmten, Dutzende hauptamtliche Wahlkreisgeschäftsführer entsandt wurden, Millionen und Abermillionen Wahlkampfgelder gen Osten flossen, zehn Tage vor der Wahl der Vorstand der CDU/CSU-Bundestagsfraktion in Dresden tagte. Und das alles, obwohl sich beide deutsche Staaten im Art. 6 des Grundlagenvertrages feierlich und rechtsgültig zur Einhaltung des Grundsatzes verpflichtet hatten, »dass die Hoheitsgewalt jedes der beiden Staaten sich auf sein Staatsgebiet beschränkt. Sie respektieren die Unabhängigkeit und Selbständigkeit jedes der beiden Staaten in seinen inneren und äußeren Angelegenheiten.«[138] Und Wahlen gehören nun einmal zu den »inneren Angelegenheiten«. Aber Hand aufs Herz: Im Vergleich zum historischen Sieg der von Kohl in Westberlin aus der Taufe gehobenen »Allianz für Deutschland« und seiner Folgen sind das letztlich doch nur Bagatellen!

Daran ändern doch auch einige Einschätzungen von Zeitzeugen, die einer Affinität zum politischen System der DDR wahrlich unverdächtig sind, nichts. Während Egon Bahr konstatierte, dass es die »schmutzigsten Wahlen [waren], die ich je in meinem Leben beobachtet habe«, stellte der Mitbegründer des Neuen Forum Prof. Jens Reich fest: »Das Bonner Nilpferd ist in einer Massivität gekommen, dass man einfach hilflos war. Im Wahlkampf ist einfach der gesamte Apparatismus des Westens in den Osten gebracht worden. Dem hatten wir nichts entgegenzusetzen. Das waren in die DDR exportierte Westwahlen.«

Und die renommierten *Blätter für deutsche und internationale Politik* resümierten: »Was BRD-Politiker im DDR-Wahlkampf in der DDR [...] vorgeführt haben, übertrifft in vielen Beziehungen die Einmischungspraxis imperialistischer Vormächte gegenüber sogenannten Bananenrepubliken. [...]

Die seit dem November 1989 […] in jenem ›unseren‹ Lande herumstampfenden westdeutschen Politikerherden veranstalteten ein wahrlich grandioses Finale der Selbstentblößung deutschnationalen Völkerrechtsdenkens.«[139]

Vergessen wir doch einfach diese Krittelei nörgelnder Beckmesser. Viel wichtiger ist doch, dass es keinerlei Wahllügen gab. Die bundesdeutschen Wahlhelfer und -kämpfer haben nicht gelogen, sie haben nichts versprochen, was sie nicht gehalten haben. Die Beweise liegen auf der Hand:

Die Hauptlosung der Allianz »Freiheit und Wohlstand« ist in Ost- wie schon immer in Westdeutschland Realität geworden. Kohl hat nichts als die reine Wahrheit gesagt, als er auf sechs Großkundgebungen stets mit den gleichen Worten ankündigte: »Wenn die Rahmenbedingungen gesetzt sind, wenn die notwendigen gesetzgeberischen Maßnahmen getroffen sind, dann werden nicht nur Hunderte, sondern Tausende von investitionsbereiten Unternehmern – von Großunternehmen bis hin zum Handwerk – aus der Bundesrepublik hierher kommen, und gemeinsam mit Ihnen werden wir hier in kurzer Zeit ein blühendes Land schaffen.«

Der CSU-Vorsitzende und Bundesfinanzminister Theodor Waigel hat nicht gelogen, als er den DDR-Wählern die in der BRD herrschende »soziale Verantwortung« anpries und »mit aller Klarheit« versicherte, dass »das was die SED hier und auch andere Kräfte schüren – vom kalten Kapitalismus und dieser nüchternen seelenlosen Gesellschaft von drüben – das ist nichts anderes als ein Horrorgemälde«. Und ist etwa der »Boom des DDR-Arbeitsmarktes«, den der SPD-Wirtschaftsexperte Frank Bogisch auf dem Höhepunkt des Wahlkampfes in Aussicht stellte, ausgeblieben?

Und war es nicht aufrichtig gemeint, als die Parteien der »Allianz für Deutschland« »eine Sicherung der Sparguthaben im Verhältnis 1:1« versprachen? Auch der lange Zeit beliebteste Deutsche Hans-Dietrich Genscher kann sich zufrieden zurücklehnen. Das von ihm angekündigte »deutsche Aufbauwunder« im Osten hat nach der Wahl begonnen. Nun gut, es zieht sich ein wenig in die Länge, aber nach jüngsten Schätzungen soll die Angleichung der ostdeutschen Wirtschaftsleistung an das Westniveau bereits 2059 erfolgen.

Nein, es hat keinen Wahlbetrug gegeben. Nur einige linke Kritikaster behaupten, dass die Schicksalswahlen von 1990 von den größten Wahllügen seit dem Untergang der Weimarer Republik begleitet waren. Diese Unverbesserlichen behaupten gar, dass die Wahlen angesichts rechtswidriger massiver Einmischung und nicht erfüllter Wahlversprechen weder »frei« noch »demokratisch« waren. Leeres Geschwätz! Was »frei« und »demokratisch« ist, bestimmen nicht sie, sondern immer noch die Herrschenden und ihre Medien. Es bleibt dabei, die letzte Wahl der Volkskammer der DDR war ein Höhepunkt der »friedlichen Revolution«.

Fazit: Auch wenn einige Fakten und Geschehnisse ausgeblendet oder unterbelichtet bleiben, so ist doch kein anderes Jubiläum jemals dermaßen gefeiert worden wie das dieser grandiosen Revolution, schon gar nicht die runden Jahrestage des Endes des Zweiten Weltkrieges in Europa. Was ist denn schon die Befreiung von der Nazi-Barbarei gegenüber der von der DDR-Diktatur?

Noch nie auch ist ein längst untergegangener Staat so erbittert, mit so viel Hass und horrendem Aufwand bekämpft worden wie der zeitweilige ostdeutsche. Warum nur? Ist er immer noch nicht tot? Besteht nicht nur die Mauer, sondern die DDR trotz ihrer selbstverschuldeten Missstände und von äußeren Faktoren bedingten Schwächen in den Köpfen weiter? Stellt ihr unvollkommener Sozialismus gar eine Gefahr für das herrschende kapitalistische System dar? Offenbar. Der monströse Gedenkmarathon 2009/10 lässt keinen anderen Schluss zu.

*

Die Lügen über die DDR sind wie die unvergessenen

Kosovo-Kriegslügen der Ex-Minister Scharping und Fischer von jener Art, über die Arnold Zweig sagte, ihre Beine seien umso kürzer, je dicker sie sich vollgefressen haben. Nicht wenige sind längst geplatzt und schon ihre Erwähnung ruft heutzutage nur noch ein müdes Lächeln hervor, so wie die Horrorgeschichten über die »Einweisung von Regimegegnern in die Psychiatrie«, die »radiologische krebsverursachende Bestrahlung von politischen Häftlingen«, die »in Wassereimer geworfenen toten Babies«, die »schrecklichen Auswirkungen der erzwungenen frühkindlichen Bildung in Kinderkrippen und -gärten«, die »Zwangsadoptionen auf Anordnung von Frau Honecker«, den »fürstlichen Luxus der SED-Politbüro-Mitglieder in Wandlitz«, die »»Horrorklinik Charité‹[142], die mit illegalen Mitteln Ersatzorgane für die alten Herren der SED-Spitze besorgte« usw. usf.

Andere Lügen haben einen langen Atem, so dass sie auf den kurzen Beinen noch immer recht behend unterwegs sind und die Wahrheit fressen. Mit Vorliebe versammeln sie sich an jenen Orten, von denen aus ihr Schmatzen, verstärkt durch mediale Lautsprecher und -schreiber, landesweit zu hören ist: unter der prächtigen Reichstagskuppel, von der aus das Volk einen beeindruckenden Rundblick auf die Bundeshauptstadt, aber wenig Einblick in die Geschäfte hinter den Kulissen der Macht hat; im wunderbaren Berliner Konzerthaus, zu DDR-Zeiten aus einer Kriegsruine wiedererrichtet, von dem die meisten westdeutschen Landsleute annehmen, es sei mit ihrem Geld restauriert worden, und in dem nun die politische Elite der Republik bei feierlichen Anlässen zusammentrifft; im Westberliner Internationalen Congress Centrum (ICC), in dessen asbesthaltigem Gemäuer wichtige Konferenzen und andere Festlichkeiten stattfinden, auf denen sich so mancher Teilnehmer insgeheim über den Abriss des Palastes der Republik amüsiert, den die letzte Volkskammer der DDR wegen »Asbestgefahr« fluchtartig verlassen musste; in der Birthler-, vormals Gauck-Behörde in der Berliner Normannenstraße, wo eifrige Bedienstete noch immer den Leichnam der DDR-Staatssicherheit fleddern, seine Verderbtheit und Gefährlichkeit bloßlegen und, wie anzunehmen ist, mit den sehr lebendigen bundesdeutschen Geheimdiensten kooperieren.

Der ausgemachte Schwindel über den untergegangenen deutschen Staat wird wie alle Lügen besonders dann gebraucht, wenn der Kapitalismus auf der Jagd nach Maximalprofiten die Bedürfnisse der Menschen nicht mehr in einem erträglichen Maße befriedigen kann. Die Menschen sollen glauben, zu ihm gäbe es keine Alternative und ohne Konzerne ginge es nicht. Aber es geht, manches – und die DDR hat es bewiesen – sogar besser.

So wie es heute aussieht, werden die Lügen über die DDR, mögen sie auch noch so kurzbeinig sein, noch lange fressen, ehe sie platzen und über die DDR, ihre Schwächen und Stärken, ihr Versagen und ihre Leistungen ein gerechtes Urteil gefällt wird. Aber diejenigen, die sie nüchtern und objektiv, freundlich und kritisch beurteilen, können guten Mutes sein. Die Sicht der Eppelmanns, Barings, Schröders und wie sie alle heißen wird auf die Dauer keinen Bestand haben. Auch die Geschichte der DDR wird einmal neu geschrieben werden, unverblendet von Hass und ideologischer Arroganz. Schon der Geheime Rat Johann Wolfgang von Goethe wusste, »dass die Weltgeschichte von Zeit zu Zeit umgeschrieben werden müsse, darüber ist in unsern Tagen wohl kein Zweifel übriggeblieben. Eine solche Notwendigkeit entsteht [...], weil der Genosse einer fortschreitenden Zeit auf Standpunkte geführt wird, von welchen sich das Vergangene auf eine neue Weise überschauen und beurteilen lässt.«[143]

Diese Zeit wird auch für die Deutsche Demokratische Republik kommen.

Anmerkungen

1 Benedikt XVI. in einer Rede in der Sixtinischen Kapelle am 4. Dezember 2009 anlässlich des 60. Jahrestages der BRD und des 20. Jahrestages des Mauerfalls in Anwesenheit von Bundespräsident Horst Köhler, der dem Papst eine Weihnachtspyramide überreichte. Vgl. *Libreria Editrice Vaticana* und *Radio Vatikan* am 5. Dezember 2009

2 Eberhard Esche: Wer sich grün macht, den fressen die Ziegen, Das Neue Berlin, Berlin 2006, S. 83

3 Friedrich Wolff: Geburtstagsrede zum 55. Jahrestag der Gründung der DDR auf der Festveranstaltung der GBM; in: Spuren der Wahrheit – Bewahrenswertes DDR-Erbe, Berlin 2005, S. 18

4 Stellungnahme der Gedenkstätte Berlin-Hohenschönhausen zum Votum der Expertenkommission zur Schaffung eines Geschichtsverbundes »Aufarbeitung der SED-Diktatur«, *www.havemann-gesellschaft.de*

5 Gespräch mit Markus Meckel in der *Neuen Osnabrücker Zeitung* vom 20. März 2010

6 Ingeborg Drewitz (Hrsg.): Strauß ohne Kreide, Hamburg 1980, S. 35

7 Schwarzbuch des Kommunismus, München 1997, S. 854

8 *Deutsche Richterzeitung*, 1/1992

9 15. Deutscher Bundestag, Ausschuss für Kultur und Medien, Protokoll 15/50, S. 10

10 *Bayerisches Volksecho* (München), 8. März 1952

11 *Der Spiegel* 19/1965

12 Eberhard Esche: Wer sich grün ..., a. a. O., S. 127

13 Deutscher Bundestag: Bericht der Enquete-Kommission »Aufarbeitung von Geschichte und Folgen der SED-Diktatur in Deutschland«, Drucksache 12/7820, S. 229

14 Ehrhart Neubert: Politische Verbrechen in der DDR, in: Das Schwarzbuch des Kommunismus, München 1998, S. 834

15 Interview mit Peter-Michael Diestel, in: *junge Welt*, 28. April 2001

16 Interview mit Wolfgang Neskovic, in: *Der Spiegel* 51/2006

17 Rolf Gössner: Geheime Informanten, München 2004, S. 49

18 Minderheitenvotum der PDS zum Bericht der Enquete-Kommission des Deutschen Bundestages »Aufarbeitung von Geschichte und Folgen der SED-Diktatur in Deutschland«, in Ansichten zur Geschichte der DDR, Bonn/Berlin 1994, Band 4, S. 60/61

19 Schlusswort von Markus Wolf vor dem 4. Strafsenat des OLG Düsseldorf, in: *Neues Deutschland*, 25. November 1993

20 *Berliner Morgenpost*, 23. März 2001

21 Forschungsprojekt des Kriminologischen Dienstes, *http://www.bildungsinstitut-justizvollzug-niedersachsen.de*

22 *Der Tagesspiegel*, 14. Februar 2007

23 Manfred Wilke, in: Bundesministerium des Innern (Hrsg.), Bedeutung und Funktion des Antifaschismus, Texte zur Inneren Sicherheit, Bonn 1990,

24 Peter Maser/Manfred Wilke: Aufarbeitung der SED-Diktatur/Erinnerungs-stätten, in: *Das Parlament*, 4. Oktober 1996, S. 2

25 Kurt Pätzold: Die Legende vom »verordneten Antifaschismus«, in: Ansichten zur Geschichte der DDR, Bonn/Berlin 1994, Bd. 3, S. 111

26 Der missbrauchte Antifaschismus. DDR-Staatsdoktrin und Lebenslüge der deutschen Linken, Herausgeber: Im Auftrag der Konrad-Adenauer-Stiftung e.V., Berlin 2002.

27 Deutscher Bundestag, Drucksache 13/11000: Schlussbericht der Enquete-Kommission »Überwindung der Folgen der SED-Diktatur im Prozess der deutschen Einheit«, S. 227

28 Richard Schröder: Gespräch im *RBB Kulturreport*, 16. Oktober 2005

29 *www.spiegel.de/spiegel/print*

30 Bernt Engelmann: Rechtsverfall, Justizterror und das schwere Erbe, Köln 1989, Bd. 2, S. 291

31 Mitteilung über Dreimächtekonferenz von Berlin, Amtsblatt des Kontroll-rats in Deutschland, Ergänzungsblatt Nr. 1, in: Michael Antoni: Das Pots-damer Abkommen, Berlin 1985, S. 340 ff.

32 Bernt Engelmann: Der Allertüchtigste: Hans Globke, in: Die Skandale der Republik, Hamburg 1990, S. 19/20

33 13. Deutscher Bundestag, Drucksache 13/11000, S. 126f.

34 13. Deutscher Bundestag, 240. Sitzung am 17. Juni 1998, Plenarprotokoll 13/240, S. 22118

35 *ARD Sabine Christiansen*, Sendung am 22. August 2004

36 *DIW-Vierteljahreshefte*, 1-2/1987, S. 81

37 Siehe *DeutschlandArchiv*, Nr. 10, Oktober 1992, S. 1112-1120

38 Ebenda, S. 1120

39 Jörg Roesler: Marode, faul und inkompetent? Die Währungsunion und eine fleißig kolportierte Lüge, in: *Neues Deutschland*, 22. November 2006

40 *www.stuttgart08.cdu.de*

41 Siehe Gerhard Heske »Volkswirtschaftliche Gesamtrechnung DDR 1950-1989. Daten, Methoden, Vergleiche«, herausgegeben vom Zentrum für Historische Sozialforschung Köln. Köln 2009

42 *Blätter für deutsche und internationale Politik*, Mai 1990, S. 631

43 Gerhard Schürer: Die Wirtschafts- und Sozialpolitik der DDR; in: Ansichten zur Geschichte der DDR, Bonn/Berlin 1994, Bd. 3, S. 169

44 Zeitschrift *metall*, 9. Juli 1993

45 Stenografischer Bericht der 243. Sitzung des Deutschen Bundestages, Plenarprotokoll 12/243, S. 21619

46 *Die Welt*, 2. Oktober 2004

47 Deutscher Bundestag, Drucksache 13/11000: Schlussbericht der Enquete-Kommission »Überwindung der Folgen der DDR-Diktatur im Prozess der deutschen Einheit«, S. 69

48 Ebenda

49 Deutscher Bundestag: Plenarprotokoll 14/74 vom 26. November 1999, Seite. 6823

50 Siegfried Wenzel: Was kostet die Wiedervereinigung, Das Neue Berlin, Berlin 2003, S. 154

51 Fernsehansprache von Bundespräsident Johannes Rau zum 40. Jahrestag des Baus der Berliner Mauer, *www.bundespraesident.de/Der Bundespräsident/Reden*

52 Erklärung von Bundeskanzler Konrad Adenauer am 13. August 1961, *www.bpb.de/themen*

53 *Blätter für deutsche und internationale Politik*, Januar 1993, S. 121

54 Richard von Weizsäcker: Brücken zur Verständigung. Reden, Berlin 1990, S. 19

55 *Ossietzky* 17/2001, 25. August 2001

56 Stefan Heym: Einmischung, Frankfurt/Main 1992, S. 109

57 Zit. nach: Die Republik der fünfziger Jahre, Herausgeber: Akademie für politische Bildung, München 1989, S. 96

58 Arnulf Baring: Deutschland, was nun?, Berlin 1991, S. 59ff.

59 Ebenda

60 Johannes Niermann: Schriftliche Stellungnahme zum Thema Identitätsfindung von Jugendlichen in den neuen Bundesländern, Universität zu Köln, Pädagogisches Seminar, S. 6

61 *Berliner Zeitung*, 12. März 1999

62 13. Deutscher Bundestag, Drucksache 13/11000, S 138/139

63 Ebenda

64 *http://www.ganztagsschulen.org/5161*

65 *Netzeitung*, 11. Januar 2007

66 Edelgard Bulmahn, Streitgespräch im *DeutschlandRadio Berlin*, 28. Juni 2002

67 Kurt Tucholsky, Schloss Gripsholm, Ausgewählte Werke, Berlin 1973, Bd. 6, S.239

68 Stiftung zur Aufarbeitung der DDR-Diktatur, Pressemitteilung von Rainer Eppelmann, 15. Dezember 2006

69 Werner Köster: Die DDR ist die Deutsche Dopingrepublik, *Bild*, 26. Juni 1989

70 Werner W. Franke/Britte Berendonk: Hormondoping als Regierungsprogramm, in: Grit Hartmann: Goldkinder, Leipzig 1997, S. 166ff.

71 *Deutschlandfunk*, »Zur Kritik an der juristischen Aufarbeitung des DDR-Dopings«, 16. April 2000

72 *Neues Deutschland*, 7. März 2003

73 Günter Erbach: Der DDR-Sport lebt – trotz fortgesetzter Verleumdungen, Sonderdruck der Arbeitsgruppe Sport der GRH, Berlin Juni 2006, S. 14/15

74 Zit. nach Klaus Huhn: Die unendliche Doping-Story, Berlin 1997, S. 3

75 Siehe dazu: Brigitte Berendonk: Doping, Dokumente, Von der Forschung zum Betrug, Berlin 1991, S. 21

76 Martin Hägele: Schau zu, dass sie wieder schlucken, *Stern* 52/1990, S. 204

77 *Deutsches Sportecho*, 5. Dezember 1990, S. 1

78 Klaus Huhn: Die unendliche Doping-Story, Berlin 1997, S. 26/27

79 Günter Erbach: Politische Strafverfolgung gegen den DDR-Leistungssport, Sonderdruck der Arbeitsgruppe Sport der GRH, Berlin, Mai 2004, S. 36

80 Pressemitteilung des Bundesministeriums des Inneren vom 6. April 2009

81 Angaben nach Hermann Leihkauf: Fakten zu 40 Jahren Deutscher Demokratischer Republik, Sonderdruck, Berlin 2004, S. 9

82 Günter Erbach: Der DDR-Sport lebt – trotz fortgesetzter Verleumdungen, Sonderdruck der Arbeitsgruppe Sport der GRH, Berlin, Mai 2004, S. 17

83 Klaus Weise: Sport und Sportpolitik der DDR zwischen Anspruch und Realität, Hefte zur DDR-Geschichte, Herausgeber Helle Panke, Berlin 2006, S. 8

84 Ebenda, S. 34

85 Antrittsrede von Bundespräsident Horst Köhler, *www.bundespraesident.de*

86 Gerhard Schröder: Erklärung zum 15.Jahrestag des Falls der Mauer, *www.archiv.bundesregierung.de/index*

87 Von der Notlösung zur festen Größe, *Stern,* 12. Oktober 2005

88 Richard Schröder: Über Deutschland, Rede auf dem Evangelischen Kirchentag in Mecklenburg-Vorpommern vom 1. bis 3. September 2006 in Schwerin, Presseinformationen

89 Bericht der Enquete-Kommission »Aufarbeitung von Geschichte und Folgen der SED-Diktatur in Deutschland«, Deutscher Bundestag, Drucksache 12/7820, S. 207ff.

90 Schlussbericht der Enquete-Kommission »Überwindung der Folgen der SED-Diktatur im Prozess der deutschen Einheit«, Deutscher Bundestag, Drucksache 13/11000 S. 291

91 Stefan Bollinger: Die Revolution für den Sozialismus kam zu spät – 1989 zwischen letzter Chance und Thermidor, *Utopie kreativ*, Heft 108, Oktober 1999

92 Uwe-Jens Heuer: Das Ende der DDR und der Epochenumbruch, in: *Mitteilungen der Kommunistischen Plattform der PDS*, Heft 12/2004, S. 8

93 Erich Buchholz: Briefwechsel mit Hanfried Müller, in: *Weißenseer Blätter*, Heft 3/2004

94 Heidi Urbahn de Jauregui: Konterrevolution – von außen und von oben. Peter Hacks und die Wende, in: *jungeWelt*, 23. Dezember 2006

95 zitiert nach: Justus von Denkmann, Wahrheiten über Gorbatschow, Berlin 2005, S. 13.

96 Friedrich Engels: Revolution und Konterrevolution in Deutschland, in: Karl Marx/Friedrich Engels Werke, Berlin 1956, Band 8, S. 6

97 *ARD Panorama*, 23. September 1999

98 Thomas Ahbe, Rainer Gries, Wolfgang Schmale (Hg.): Die Ostdeutschen in den Medien. Das Bild von den Anderen nach 1990, Leipziger Universitätsverlag, Leipzig 2009

99 Pressemitteilung der Pressestelle der Universität Jena, 25. Januar 2010

100 Ralf Julke: Wie die Mauer in den Köpfen entsteht oder Die Ostdeutschen in den Medien. *www.netzeitung.de,* 5. Januar 2010

101 Sächsische Längsschnittstudie, Welle 21, *http://www.wiedervereinigung.de*

102 siehe Heidi Urbahn de Jauregui: Konterrevolution – von außen und von oben. Peter Hacks und die Wende, in: *jungeWelt,* 23. Dezember 2006

103 *Berliner Zeitung,* 26. Juni 2009

104 Interview mit Lothar de Maizière, *Bild,* 21. Januar 2009

105 Joachim Gauck: Erklärung für *Braunschweiger Zeitung,* 2. September 2004

106 Gespräch mit Freya Klier, in: *Die Welt,* 9. August 2008

107 *AP,* 11. September 2008

108 *Focus,* 22. März 2008

109 Hubertus Knabe: Rede auf FDP-Veranstaltung in Osnabrück, *www.fdp-osnabrueck.de*

110 *Frankfurter Allgemeine Zeitung,* 31. Dezember 1998

111 Zit. nach: Der Osten will nicht verachtet werden, Interview mit Rolf Reißig, *taz,* 23./24. Mai 1998

112 Sebastian Pflugbeil: Erste Bilanz eines zornigen Protestes, in: *Ossietzky* 2/2002

113 Deutscher Bundestag, Drucksache 13/2629 vom 6. November 1995

114 Deutsche Bundesbank, Monatsbericht Nr. 10/1996, S. 30, hier Angaben noch in DM

115 Jahresbericht der Bundesregierung zum Stand der deutschen Einheit vom 13. Oktober 1999, S. 21f.

116 André Stahl/*DPA*: West-Ost-Transfer. Zwischen Mythen und Fakten, in: *Stern,* 12. August 2005

117 Ebenda

118 Schreiben des GBM-Vorsitzenden Prof. Dr. Wolfgang Richter an Bundeskanzler Gerhard Schröder, in: *akzente,* 5/2005, S. 4

119 Lasst die Wölfe rein! In: *Stern,* 22. März 2007

120 Ebenda

121 Ebenda

122 Klaus Höpcke: Restaurationsunwille überrollt. Charakter und Konsequenzen der Ereignisse im Herbst 1989 in der DDR, in: *Mitteilungen der Kommunistischen Plattform der Linkspartei.PDS,* Dezember 2004

123 *http://www.stiftung-aufarbeitung.de/20jahre*

124 *http:/ www.bundespraesident.de/dokumente*

125 Friedrich Schorlemmer: Der Kaiser war nackt, in: *Neues Deutschland,* 15. Januar 2009

126 *Neues Deutschland,* 29. November 1989

127 *http://netzzeitung.net/politik/deutschland/453345.html*

128 *http:/www.bundespraesident.de/Reden-und-Interviews*

129 *Tagesspiegel,* 10. Oktober 2009

130 *http:/bundeskanzlerin.de/Reden*

131 *Tagesspiegel*, 15. November 2009
132 Sabine Bergmann-Pohl (CDU) am 18. März 2010 im *RBB Inforadio* anlässlich des 20. Jahrestages der Volkskammerwahlen vom 18. März 1990
133 Zwei Staaten, zwei Paktsysteme und ihre Grenze. Geschichte – Standpunkte – Dokumente, Berlin 1992, S. 27
134 *Ossietzky* 9/2009, 2. Mai 2009
135 Stenographischer Bericht der 243. Sitzung des 12.Deutschen Bundestages, Plenarprotokoll 12/243, S. 21599 und 21600
136 Ebenda
137 *TASS*-Korrespondentenbericht, 19. März 1990
138 *http://www.focus.de/politik/deutschland/20-jahre-wende*
139 Helmut Ridder: Was nicht zusammengehört, kann auch nicht zusammenwachsen, in: *Blätter für deutsche und internationale Politik*, Mai 1990, S. 567
142 *Tagesspiegel*, 5. April 2010
143 J. W. Goethe. Auswahl in drei Bänden, Leipzig 1956, Bd. 3, S. 444

Propaganda fidei: So hieß die zuständige Vatikanische Stelle
für die Missionen lange Zeit. Im Wort »Propaganda« steckt
»Pro pagani«, d. h. für jene auf dem Land,
welche gleichgesetzt wurden mit Heiden, Ungläubigen.
In einen gottlosen Raum sozusagen
sollte der Glaube verkündet werden.

Kirche heute,
5. Oktober 2003

Lügen haben kurze Beine oder Warum am Ende die Wahrheit doch gewinnen wird

Von Frank Schumann

Im zwanzigsten Jahr der deutschen Einheit endete, von der Öffentlichkeit nicht bemerkt, das Leben von Ehrenfried Stelzer. Der Professor bildete in mehr als drei Jahrzehnten Hunderte Kriminalisten aus, die heute – als Beamte oder Angestellte – der Bundesrepublik Deutschland treu dienen und zu deren Schutz und Wohlfahrt beitragen. Er war Doktorvater und Autor vieler Fachbücher, die noch immer gelten und genutzt werden. Auch international genoss der Ordentliche Professor für Internationale Kriminalistik, als der er 1988 berufen worden war, hohes Ansehen, weshalb sich später etliche global tätige Unternehmen seiner Mitarbeit versicherten. Letztmalig war Oberst a. D. Ehrenfried Stelzer am 15. Juni 2009 einem Hamburger Nachrichtenmagazin Gegenstand moralischer Entrüstung, als das Deutsche Institut für Anlegerschutz (DIAS), eine auf die Untersuchung unlauterer Finanzgeschäfte spezialisierte Einrichtung, Stelzer zu ihrem Geschäftsführenden Vorstand berief. Denn der Ex-Polizeioberst, so wollte die Postille wissen, sei in Wirklichkeit »Offizier im besonderen Einsatz«, also OibE der »Stasi«, gewesen. »Eine von Stelzers ersten Amtshandlungen war es, den gesamten zehnköpfigen Beirat, die meisten darin Juristen, abzuberufen.« Sic!

Zu jenem Zeitpunkt war der fast 80-Jährige bereits obdachlos. Sein Vermieter hatte ihn aus seiner Wohnung in der Leipziger Straße exmittieren lassen. Dort lebte Stelzer seit Fertigstellung des Hauses, und seit den 90er Jahren befand sich in diesen Räumen auch seine Kanzlei als zugelassener Rechtsanwalt. Er war mit einigen Monatsmieten im Rückstand. Dafür gab es, natürlich, auch subjektive Gründe. Es lag nicht nur an der Höhe seiner Altersbezüge, die wegen ihrer Beschneidung und Unrechtmäßigkeit zurecht als Strafrente bezeichnet werden mussten. Der Professor war gewiss ein Fachmann auf seinem Gebiet, nicht aber, was den Umgang mit Geld betraf. So hatte er sich auf verschiedene, zunächst erfolgversprechende Projekte als Vermittler eingelassen, was ihn wiederholt nach Russland und nach China führte. Doch ehe er seine Reisekosten und Spesen abrechnen konnte, waren die Firmen, die ihn angeheuert hatten, oft untergegangen oder zahlungsunfähig.

Von seiner Frau hatte er sich in den 70er Jahren getrennt, eine zweite ihn verlassen, und die einzige Tochter lebte am Rande des Existenzminimums in Köln, nachdem eine Ehe in Großbritannien mit einem Araber für sie mit einem finanziellen Desaster zu Ende gegangen war. Von dort konnte Stelzer also keine Hilfe erwarten.

Wir schlossen mit ihm vier Verlagsverträge und zahlten ihm einige tausend Euro als Vorschuss. Doch all das half so wenig wie der juristische Beistand, den er mit der Wahrnehmung seiner Interessen beauftragt hatte. Vielleicht hätte selbst ein besserer Rechtsanwalt nichts am Urteil des Gerichts ändern können, dass dem Vermieter nicht länger zuzumuten sei, aus seiner Mietsache keinen Ertrag zu schöpfen, wie es in der Räumungsklage hieß.

Stelzer nahm dies mit ironischer Gelassenheit. Seine Familie und er seien schon einmal aus der Wohnung geworfen worden, das war seinerzeit bei den Nazis, und auch damals galt alles als rechtens. In Berlin-Friedrichshagen, in einem ehemaligen Tanzsaal, wurde seine Wohnungseinrichtung deponiert, darunter ein reichliches Hundert Bücherkisten mit seiner Bibliothek respektive seinen Arbeitsmitteln.

Wir waren einmal gemeinsam dort, nach der Zwangsräumung, um das konzentrierte Elend zu besichtigen. Bis unter die Decke stapelten sich die Habseligkeiten vieler auf die Straße geworfener Berliner. Kisten, Möbel und Matratzen waren als Pfand deklariert. Der Verwalter lebte von der Verpachtung der Stellfläche und rückte das Zeug nur heraus, wenn die Lagerkosten übernommen wurden und die Zustimmung der Gläubiger vorlag, denn diese wollten aus der Versteigerung des Trödels einen Teil ihrer Forderungen begleichen. Doch wer zahlte schon für abgeschabte Sofas und Schränke aus Spanplatten, von denen sich die Folie löste, für schmiedeeiserne Gartenstühle, windschiefe Plastiklampen und billige Kunstdrucke? Das meiste, was sich in dieser Lagerhalle fand, hätte man sofort auf den Sperrmüll karren können. Doch der guten deutsche Ordnung halber mussten die Armseligkeiten den Umweg über diese Zwischenlagerung nehmen, sofern nicht jemand mit einigen bunten Scheinen oder, wie in Stelzers Falle, mit einer Schenkungsurkunde erschien, deren Ausfertigung laut Datum vor dem Tag der Wohnungsräumung erfolgt war. So kam denn Stelzers einstige Bibliothek wieder zurück in die Innenstadt.

Der Professor selbst wahrte den Schein bürgerlichen Daseins. Man sah ihm nicht an, dass er ohne Obdach war. Nun, er nächtigte ja auch nicht unter einer Brücke oder auf einer Parkbank. Doch die Besenkammer seines Vereins in der Uhlandstraße, dessen Vorstand er war und der ihm ein Campingbett zur Verfügung stellte, unterschied sich von den Freiluftquartieren allenfalls dadurch, dass Stelzer bei Regen nicht nass wurde.

Er selbst berichtete mir regelmäßig über Pläne und halbe Zusagen, angeblich stünde die Konstituierung eines Instituts in Hamburg kurz bevor, nachdem sich eine ähnlich sichere Zusage über die Gründung einer Forschungseinrichtung für Flugsicherheit in Braunschweig oder Hannover zerschlagen hatte. Möglicherweise stimmte dies alles, vielleicht aber war es auch Selbstsuggestion, denn wenn man nichts mehr besitzt, so bleiben denn immer noch der Glauben und die Hoffnung. Stelzer jedenfalls war fest davon überzeugt, schon bald sein irdisches Jammertal wieder verlassen und seinen gewohnten Tätigkeiten nachgehen zu können.

Allerdings fiel mir auf, dass seine bemerkenswerte Selbstironie zunehmend ins Sarkastische glitt. Das ist meist bei Intellektuellen so, und viele überschreiten dabei auch die Grenze zum Zynismus. Stelzer nicht. Er blieb der analysierende Kopf, der er immer war.

Es kam, wie es kommen musste. Der Professor landete im Krankenhaus, denn wenn ein Mensch nach Jahrzehnten geregelten Daseins auf einen Schlag alles verliert, was dem Leben Rahmen und Sinn gab, leiden darunter Gesundheit und Seele. Zumal in diesem Alter. Ehrenfried Stelzer meldete sich gelegentlich telefonisch aus der Bettengruft am Rande des Grunewalds, in welcher auch Helmut Kohl lag, als dieser noch in der Nähe dieses Hospitals wohnte. Die Gespräche mit Stelzer wurden stetig schwieriger. Sie verloren ihre Stringenz, die Gedanken sprangen und reihten sich bald ein wenig wirr aneinander. Dann lief das Klingeln ins Leere, und auf die Frage an der Rezeption nach dem Grund, hieß es, der Patient sei entlassen worden. Wohin? Das dürfe man nicht sagen, da könne ja jeder kommen.

Auf Anfrage erhielt ich eine Melderegisterauskunft vom »Bezirksamt Mitte von Berlin, Abteilung Soziales und Bürgerdienste, Amt für Bürgerdienste – Standort Berlin«: »Die gesuchte Person ist verstorben. Letzte Meldeanschrift 10179 Berlin Mitte, Neue Grünstraße 17. Die Verwaltungsgebühr in Höhe von 5,00 EUR für eine Melderegisterauskunft wurde vereinnahmt.«

Die »letzte Meldeanschrift« – die Adresse des Verlages.

Wann und wo Prof. Dr. Ehrenfried Stelzer – geboren am 26. März 1932 in Bolkenhain in Schlesien – verstarb und wo er bestattet ist, weiß allenfalls ein amtlicher Computer. Es lebe der Datenschutz, und verflucht sei die Herzlosigkeit dieser Gesellschaft.

Die Vita Stelzers glich der vieler Menschen in der DDR. Vom Faschismus aus der Heimat vertrieben, Abitur in

Zschopau im Erzgebirge, Chemiearbeiter in Berlin, Jura-Studium an der Humboldt-Universität. Seine Diplomarbeit, die mit »Sehr gut« bewertet wurde, trug übrigens die Überschrift »Die rechtlichen Grundlagen für die Wiedervereinigung Deutschlands«. Danach arbeitete er bei der Kriminalpolizei, konkret in der VP-Inspektion Prenzlauer Berg, und nebenbei an seiner Dissertation. Im März 1957 promovierte Kommissar Stelzer mit »Magna cum laude«, im Dezember wurde er, gerade mal 25 Jahre alt, zum Direktor des Instituts für Kriminalistik an der Juristischen Fakultät der Humboldt-Universität berufen, und als diese 1968 zur Sektion wurde, blieb er ihr Chef – bis zum 31. Dezember 1989. Danach nahm er, wie er in späteren Bewerbungsschreiben vermerkte, ein »freiwilliges Forschungsjahr«.

Es war, wie gesagt, ein durchaus typischer ostdeutscher Lebenslauf. Auch der von Ehrenfried Stelzer begann in kleinen Verhältnissen (Vater und Mutter waren Lehrer an einer Mittelschule in der Provinz), führte über eine solide Ausbildung schon früh zu einer wichtigen Aufgabe und Funktion, die dann über Jahrzehnte mit großem Idealismus und hohem persönlichen Einsatz erfolgreich ausgeübt wurde. Menschen wie Stelzer dienten treu und selbstlos dem Staat, der ihnen eine Chance und Perspektive gab. Dafür gab es nach dem Untergang des Staates den Tritt der Nachkömmlinge und Kolonisatoren.

Auch das Ende Stelzers muss inzwischen als keineswegs atypisch gelten. Er wurde, auch wenn sich sein Leiden an die zwanzig Jahre hinzog, was etwa ein Viertel seines Lebens ausmachte, erkennbar Opfer dieser »Wiedervereinigung«. Sie nahm ihm alles: Arbeit, Anerkennung, Würde und zuletzt auch die Wohnung.

Angesichts eines solch exemplarischen Schicksals offenbart sich die uns umgebende Heuchelei über unsägliche gesellschaftliche Zustände, welche mit unerträglichem propagandistischem Jubel über die »deutsche Einheit« übertüncht wird. Es zeigt sich darin die ganze Verlogenheit im Umgang mit der Geschichte und eben mit Menschen. Wenn es der eigenen Legitimierung und der Beweihräucherung nützt, geht man auch über Leichen. Die Wahrheit wird nach stets gleichen Prinzipien gebogen, wie Ralph Hartmann in seinem Text beschreibt.

Und stinkt die eigene Vergangenheit mal derart zum Himmel, dass man trotz 4711 und Nasezuhalten den Geruch nicht unterdrücken kann, macht man sofort einen angeblich gleichen Haufen im Osten aus. Erlebnisse von DDR-Internatsbewohnern beispielsweise wurden, wie andere Begebenheiten zuvor, zum flächendeckenden Medienthema aufgeblasen, nachdem – wie in diesem Falle – eine Tageszeitung, die sich in der Unterzeile als »sozialistisch« drapiert, dazu die Vorlage geliefert hatte. Natürlich, auch in der DDR war nicht jedes Heimdasein heimelig, mancher trägt noch heute an den Folgen von Einsamkeit und Liebesentzug in seinen jungen Jahren. Doch diese Einzelfälle sind nicht annähernd vergleichbar mit jener seelischen systembedingten Quälerei, die nach 1990 Hunderttausenden, wenn nicht Millionen Ostdeutschen widerfuhr.

Vielleicht gibt es ja in einigen Jahren hierzulande Runde Tische, an denen die Folgen rechtsstaatlich-bürokratischer Gewaltherrschaft akademisch und mit tiefer Betroffenheit »aufgearbeitet« werden? Eventuell zahlt man den Hinterbliebenen gar eine Entschädigung und erinnert an die prominentesten Opfer mit Straßennamen und Gedenkmedaillen? Vielleicht erhält der Tierpark in Berlin-Friedrichsfelde den Namen seines langjährigen Direktors Dathe, den man wie Stelzer aus seinem Amt und seiner Dienstwohnung trieb. Eventuell wird ein Institut in Jena nach Prof. Dr. Gerhard Riege benannt, der als Bundestagsabgeordneter am 15. Februar 1992 den Freitod wählte, weil man den 1990 frei gewählten Rektor der Friedrich-Schiller-Universität wegen lächerlicher Kontakte zum MfS in den 50er Jahren an den öffentlichen Pranger stellte. Vielleicht kriegt eine Elbbrücke in Dresden ein Schild mit der Aufschrift »Generalmajor Horst Böhm-Brücke«. Der langjährige Chef der MfS-Bezirksverwaltung, fünf Jahre Partner von Wladimir Putin, welcher im Januar 2009 den »Sächsischen Dankesorden« erhielt, hatte sich am 21. Februar 1990 im Alter von 52 Jahren eine Kugel in den Kopf gejagt, weil er die Hetze nicht mehr ertrug.

Oder eine Allee im Kreis Barnim wird nach Dr. Detlef Dalk benannt. Der 48-jährige Fraktionsvorsitzende des Neuen Forum/Bündnis 90 im Bernauer Kreistag und in seiner Gemeindevertretung erhängte sich am 4. März 1992. Bundeskanzler Helmut Kohl ließ er in einem Offenen Brief die Gründe für den Selbstmord wissen: »Was ich in diesen Parlamenten erlebte, ist das Aufgeben jeder eigenständigen Politik, ich erlebte nur Anpassungsvorgänge an die Strukturen der alten Bundesrepublik.« Der Pfarrer sagte am Grabe des einst engagierten Mitgliedes der Evangelischen Studentengemeinde in Berlin: »Sein Tod hatte zu tun mit dem Sterben der großen Hoffnung des 89er Herbstes.«

Vielleicht stiftet der Schriftstellerverband einen Manfred-Streubel-Preis? Der Dresdner Kinderbuchautor und Lyriker, Schöpfer des wunderschönen Kinderliedes »Die Heimat hat sich schön gemacht«, ging am 10. Juli 1992 in den Freitod. Er beklagte, dass die DDR, zu der er durchaus kritisch stand, »von den Rollkommandos der Brüder und Schwestern. Den falschen. Verlogenen. Scheinheiligen« regelrecht überrannt wurde. Oder es gibt einen Jürgen-Borchert-Preis. Über ihren ehemaligen Schriftsteller-Kollegen aus Schwerin vom Jahrgang 1941 heißt es heute einfältig-dümmlich unter *Wikipedia*: »Nach anhaltenden scharfen Angriffen gegen ihn wegen Verbindungen zum MfS nahm sich Borchert 2000 aus ungeklärten Gründen das Leben.«

Aus ähnlich und anderen »ungeklärten Gründen« legten Hand an sich auch der sächsische CDU-Landtagsabgeordnete Herbert Schicke († 1991) und der Hallenser Arzt Prof. Eckhard Ulrich († 1992). In Berlin verbrannte sich ein 64-

Jähriger vor seiner Arbeitsstelle, nachdem ihm wegen angeblicher MfS-Tätigkeit gekündigt worden war, in Weimar schied im November 1993 eine Lehrerin aus gleichem Grunde aus dem Leben. Drei Jahre zuvor sprang in der Klassikerstadt der Leiter des Denkmalamtes in den Tod, weil er die Zerstörung der alten Bausubstanz »als Beschädigung der eigenen Person« erlebte und die Kapitulation vor kapitalistischen Geschäftsinteressen als persönliches Versagen empfand. Vier Tage vor seinem 76. Geburtstag stürzte sich der Schauspieler Wolf Kaiser 1992 aus dem Fenster seiner Wohnung in der Berliner Friedrichstraße …

Der Rechtsanwalt Peter Michael Diestel, in der letzten DDR-Regierung Innenminister, forderte in einem Interview im Mai 2000 eine »Salzgitter-Behörde für ausgegrenzte Ossis«, denn nach seiner Überzeugung forderte die Einheit mehr Opfer als es »Mauer-Tote« gegeben habe.

Solche Kollateralschäden der deutschen Einheit im Osten seien überhaupt nicht so groß, wie von Diestel und anderen behauptet, hieß es umgehend (und bis heute) etwa bei den staatlich finanzierten Suizidforschern. Bis zum Ende des 20. Jahrhunderts sei nämlich die Selbsttötungsrate im wiedervereinigten Deutschland um die Hälfte gesunken. Mehr noch: Das angeblich »stärkere Absinken in den Neuen Bundesländern könnte als Indiz für einen positiven Einfluss der Einführung bundesdeutscher Verhältnisse interpretiert werden«, so noch im gleichen Jahr Thomas Bulmahn in *Modernity and Happiness*.

Derart kühne Hypothesen, die sich in merkwürdiger Übereinstimmung mit der politischen Propaganda befanden, gingen an der gesellschaftlichen Wirklichkeit so vorbei wie andere Schlüsse: »Im Jahr 1995 starben in den Neuen Bundesländern 4.278 Menschen an chronischer Leberkrankheit und -zirrhose, im gleichen Jahr wurden 2.956 Selbsttötungen registriert«. Noch konkreter: »In Thüringen beispielsweise sank die Suizidziffer innerhalb eines Jahrzehnts von 30,8 (1983/1986) auf 18,5 (1993/1996), gleichzeitig stieg die entsprechende Sterbeziffer der an Alkoholismus Verstorbenen«, schrieb im Jahre 2000 Sybille Straub in ihrem Forschungsbericht (»Der Suizid und ›die Wende‹ in der DDR«) für die Publikation »System Familie« des Springer Wissenschaftsverlages Berlin-Heidelberg. Mit anderen Worten: Die Ossis grämten sich nicht zu Tode, sie soffen sich ins Grab. Hätte noch der Kommentar gefehlt: Das haben sie von den Russen gelernt.

Andere Fachleute hingegen räumten ein, es könne nicht ausgeschlossen werden, dass aufgrund der »sinkenden Obduktionsfrequenz« die Zahl der »nicht erkannten Selbsttötungen« zugenommen habe. Eine in 23 rechtsmedizinischen Instituten durchgeführte Studie wies im Jahre 1997 nach, dass vor allem Arzneimittel- und Kohlenmonoxid-Vergiftungen in größerem Umfang unerkannt blieben. Es werde geschätzt, dass deutschlandweit pro Jahr bis zu 11.000 »unnatürliche Todesfälle« nicht als solche ausgewiesen wurden. So Dominik Groß in *Ethik in der Medizin*, 11/1999.

Doch all diese Untersuchungen, so wichtig und bedeutend sie im Einzelnen vielleicht auch sein mögen, blenden eins völlig aus: den gesellschaftlichen Kontext. Und: Der Mahlstrom des mörderischen Kapitalismus tötet nicht nur, er treibt auch Menschen vor sich her. Sie strampeln noch eine Weile, ehe sie untergehn. Das kann zwei Jahrzehnte und länger dauern, ehe sie ertrinken. Und selbst wenn das Ende friedlich in einem Hospital oder einem Pflegeheim eintritt: Er bleibt am Ende doch der finale Sieg eines verbrecherischen Systems.

Selbst einstige Apologeten der Kolonisierung, die sich seinerzeit als Kronzeugen für die Liquidierung der DDR-Gesellschaft zur Verfügung stellten, revidieren sich inzwischen. Der Hallenser Psychiater Hans-Joachim Maaz (»Der Gefühlsstau«, 1990), erklärte in einem Gespräch mit der *Frankfurter Allgemeinen Sonntagszeitung* am 4. April 2010, dass heute die Angst um den Arbeitsplatz einschüchternder wirke als damals »die Stasi«. »Denn die Stasi war ja irgendwie berechenbar; den Arbeitsplatz dagegen kann man heute verlieren, auch wenn man sich völlig systemkonform verhält. Das liegt praktisch außerhalb der eigenen Kontrolle.«

Damit hat Maaz etwas grundsätzlich Richtiges gesagt. Das MfS und die anderen Staatsorgane der DDR waren »berechenbar« – also keine willkürlich operierenden Diktaturinstitutionen. Die kapitalistische Gesellschaft und ihre Einrichtungen hingegen handeln willkürlich, also nicht kalkulierbar. Man kann seines Jobs selbst dann verlustig gehen, »auch wenn man sich völlig systemkonform verhält«.

Wenn schon der Opportunismus nichts bringt, was hilft dann überhaupt in dieser bürgerlich-kapitalistischen Gesellschaft? Die demokratischen Spielregeln helfen offenkundig auch nicht.

Spricht das gegen die Demokratie – oder gegen ihre Auslegung durch jene, die die Regeln diktieren?

Zu den Innovationen des bürgerlich-kapitalistischen Staates gehört die Erinnerungs- und Aufarbeitungsindustrie. Diese zielt im Wesen auf Verdrängung. Indem man einem Gegenstand überdurchschnittlich viel Aufmerksamkeit zollt, bleibt kein Raum für die Beschäftigung mit anderen Themen, damit wird anderes unterdrückt.

In den 50er und 60er Jahren galt das ganze Augenmerk der sogenannten Flucht und Vertreibung, um über die eigenen Kriegsverbrechen – welche ja erst den Anlass lieferten für die größte Völkerwanderung der Neuzeit – nicht nachdenken und reden zu müssen. Dabei wäre man vielleicht zu den gesellschaftlichen Ursachen von Faschismus und Krieg vorgedrungen und hätte Anstoß daran genommen, dass in Staat und Wirtschaft, in der Justiz und beim Militär die gleichen Personen anzutreffen waren, die bereits dem Dritten Reich treu gedient hatten.

Später entdeckte man den Holocaust, weshalb man beispielsweise nicht über die mehr als drei Millionen sowjetischen Kriegsgefangenen reden musste, die in deutschen

Lagern starben, weil man sie mit Vorsatz nicht unter den Schutz der Genfer Konvention gestellt hatte. Nächst den Juden bildeten die Sowjetsoldaten nämlich die größte Opfergruppe des Deutschen Reiches. Der Rechtsnachfolger Bundesrepublik Deutschland verlor darüber nie ein Wort. Schon gar nicht eines der Entschuldigung.

Und schließlich entdeckte man die Gräuel der »zweiten deutschen Diktatur in Deutschland«, die bei weitem grausamer und größer als die der Nazidiktatur waren. Weil man jedoch trotz intensiver Suche weder Vernichtungslager noch Schießbefehle fand, erfand man die makabre Wendung vom »Auschwitz der Seelen«. Wie verkommen ist eine Gesellschaft, die sich mit Toten meint brüsten zu müssen, welche sie auf dem Gewissen hat? Ja, heißt es, Millionen starben in den deutschen Vernichtungsfabriken bis 1945 – aber verglichen mit dem, was zwischen 1949 und 1989 im zweiten deutschen Staat geschah, war dies, so die damit insinuierte Vorstellung, wohl eher harmlos.

In diesem imperialistischen Deutschland wurden Millionen Menschen industriemäßig vernichtet. Weil sie nicht der deutschen Herrenrasse angehörten, weil sie anders lebten, dachten, handelten.

Und das soll *nichts* gewesen sein?

Gleichsetzung oder Vergleich mit jedem anderen deutschen Staat verbietet sich von selbst.

Doch eben diese Lesart ist die dominierende. Und sie herrscht vor, weil die Herrschenden sie vorgeben. Alles geschieht nach dem Grundsatz: Die öffentliche Meinung ist die veröffentlichte Meinung.

Eine dieser Veröffentlichungen ist beispielsweise die 2007 erschienene Habilitationsschrift des Kölner Professors Otto Depenheuer. Auf sie machte im Sommer 2007 der seinerzeitige Bundesinnenminister Wolfgang Schäuble in einem *Zeit*-Gespräch nachdrücklich nicht nur seinen Gesprächspartner aufmerksam. »Lesen Sie einmal das Buch ›Selbstbehauptung des Rechtsstaats‹ von Otto Depenheuer, und verschaffen Sie sich einen aktuellen Stand zur Diskussion«, reagierte der Minister auf die Frage, ob der Rechtsstaat im Kampf gegen den Terrorismus bis an seine Grenzen oder gar darüber hinaus gehen müsse.

Der Aufforderung zum Lesen kamen einige nach. So etwa Christian Bommarius von der *Berliner Zeitung*, ein studierter Jurist und Germanist, 1958 in Frankfurt am Main gebürtig. Was er in der empfohlenen Lektüre fand, gab er in einem Beitrag wieder. Dieses Buch sei der überarbeitete und neu herausgegebene Carl Schmitt. »Carl Schmitt, muss man wissen, war einer der führenden deutschen Staatsrechtler der 20er Jahre, antidemokratisch, antiparlamentarisch und antiliberal; unmittelbar nach dem Ende der Weimarer Republik stieg er – wenn auch nur für kurze Zeit – zum ›Kronjuristen des Dritten Reichs‹ auf.«

Bommarius erinnerte, um Depenheuer zu charakterisieren, an die Entscheidung des Bundesverfassungsgerichts 2006 und an dessen Reaktion darauf. Das BVG hatte das Luftsicherheitsgesetz gekippt, das den Abschuss eines von Terroristen gekaperten Flugzeugs auch dann erlaubte, wenn »normale« Passagiere an Bord seien. Die Richter waren der Auffassung, das ein solcher Mord an Unschuldigen eklatant gegen die Menschenwürde verstieße und darum nicht qua Gesetz gestattet werden dürfe. Depenheuer jedoch hatte diese vernünftige Auffassung als »Perversion des Rechtsdenkens« gegeißelt. Nicht der Abschuss des Flugzeugs, sondern dessen Verbot verletze die Zivilisten an Bord in ihrer Menschenwürde. »Das Gericht nimmt den dem Tode geweihten unschuldigen Passagieren die letzte ihnen verbliebene Würde, sich für die Gemeinschaft in einer Situation äußerster und auswegloser Gefährdungslage aufzuopfern.« Bommarius' lakonischer Kommentar: »Carl Schmitt hätte es nicht sehr viel anders gesagt, nur sehr viel besser.«

Und ein solcher Mann mit einer derart reaktionären, diktatorischen Staatsauffassung hat das Ohr eines Bundesministers? Einer, der von einer Pflicht des Bürgers ausgeht, sich für die Gemeinschaft zu *opfern*! Er nennt es auch so: Bürgeropfer. »In einer [...] tragischen Entscheidungssituation kann der rechtschaffene Bürger seine Würde einzig darin finden, dass er sein Interesse bis hin zur *Aufopferung* seines Lebens den Interessen anderer oder des Gemeinwohls unterordnet.«

Und wer oder was ist »das Gemeinwohl« in einem rechtschaffenen bürgerlich-kapitalistischen Staat? Wessen Interessen werden dort mit welchen Zielen durchgesetzt? Notfalls mit Waffengewalt.

Es macht grausen, wenn man diesem Staatsverständnis die propagandistische Umhüllung nimmt und es nackt und bloß dastehen sieht. Ohne die übliche Demagogie und Volksverdummung ist deutlich sichtbar: Es geht ausschließlich um Durchsetzung und Sicherung von Macht, um die Herstellung bester Verwertungsbedingungen und Bewegungsmöglichkeiten von Kapital. Ganz einfach.

Nun ist, das wollen wir keineswegs geringschätzen, in dieser Gesellschaft Widerspruch und Protest möglich. Doch mit welchen Resultaten?

Im *ARD-Deutschland-Trend* am 3. Dezember 2009 sprachen sich 69 Prozent der Bundesbürger dafür aus, dass die Bundeswehr »sich möglichst schnell aus Afghanistan zurückziehen sollte«.

Zwei Drittel des Stimmvolks, des Souveräns, wollten also den Kriegseinsatz der Bundeswehr beenden.

Hinderte das den Bundestag, am 26. Februar 2010 der Verlängerung des Afghanistan-Mandats zuzustimmen? »Insgesamt sprachen sich in der namentlichen Abstimmung 429 von 586 Abgeordneten für das neue Mandat aus. Abgelehnt wurde es von 111 Parlamentariern, 46 Abgeordnete enthielten sich«, meldete *news.ch* um 15.41 Uhr. »Die Abgeordneten der Linken waren zur Abstimmung zugelassen worden, obwohl fast alle vorher wegen einer Protestaktion ausgeschlossen worden waren. Sie hatten im Parlaments-Plenum Transparente hochgehalten. Damit protestierten sie gegen den Afghanistan-Einsatz; sie lehnen ihn grundsätzlich ab.«

Obwohl die Parlamentarier zwei Drittel des Volkes in dieser Frage *gegen* sich hatten, entschieden sie sich so, wie es die tatsächlich in diesem Lande Herrschenden von ihnen erwarteten.

Und obwohl die meisten Deutschen das, was in Afghanistan geschieht, als das bezeichneten, was es ist, nämlich »Krieg«, eierten die Kriegswilligen im Parlament herum.

»Auch wenn es nicht jedem gefällt, so kann man angesichts dessen, was sich in Afghanistan, in Teilen Afghanistans abspielt, durchaus umgangssprachlich – ich betone umgangssprachlich – in Afghanistan von Krieg reden«, sagte Verteidigungsminister zu Guttenberg. Krieg »in juristischem Sinne« sei jedoch etwas anderes.

Für einen Toten und seine Angehörigen ist es unerheblich, ob er in einem »umgangssprachlichen« oder einem »juristisch« sauberen Krieg gefallen ist. Tot ist tot.

Am 22. April 2010 versuchte die Kanzlerin in einer Regierungserklärung das Sterben fürs Vaterland zu versüßen. »In Merkels Rede geht es vor allem um Verteidigung. Am Hindukusch werde auch Deutschlands Sicherheit verteidigt, zitiert die Regierungschefin einen früheren Verteidigungsminister der SPD. ›Der berühmte Satz Peter Strucks bringt es für mich auf dem Punkt. Bis heute hat es niemand treffender ausdrücken können.‹ Die deutschen Soldaten seien gefallen, weil sie den Terrorismus bekämpfen wollten. Die Regierung und das Parlament müssten immer wieder klar machen, warum Soldaten in ferne und gefährliche Länder geschickt werden. ›Ja, warum denn‹, ruft ein Parlamentarier der Linkspartei dazwischen.« Der Berichterstatter in der Wochenzeitung *Die Zeit* lässt offen, ob der parlamentarische Zwischenruf auch seiner sein könnte. »Merkel sagt, dass die Menschen in Afghanistan vor allem Sicherheit und Freiheit von Unterdrückung bräuchten. Ihre eigene Erfahrung in der DDR sei gewesen, dass vor allem der Rechtsstaat wichtig sei, der sei die größte zivilisatorische Errungenschaft. In Afghanistan könne aber nicht die westliche Demokratie umgesetzt werden.«

Da war sie wieder: die Freiheits-Keule.

Freiheit ist Phrase, so lange nicht hinzugefügt wird, was sie bedeutet. Freiheit für wen und Freiheit wovon?

»Merkel erinnert daran, dass der Abzug der Sowjetunion aus Afghanistan 1989 das Erstarken radikaler Kräfte in dem Land ermöglicht habe.«

Das ist nun wirklich die Krönung der Demagogie.

Bislang wurde weltweit das kriegerische Engagement der Sowjetunion in Afghanistan verurteilt, zu Recht, denn es erfolgte unter Bruch der eigenen Prinzipien und des Völkerrechts. Dafür stand Moskau ein Jahrzehnt am Pranger, und es zahlte mit Menschen und mit Ansehen. Postum jedoch wurde nun der Sowjetunion vorgehalten, den Krieg nicht fortgesetzt zu haben. »Mit dem Bürgerkrieg seien Taliban und al-Qaida an den Hindukusch gekommen.«

Fazit: »Die Bundeswehr verteidige die Sicherheit Deutschlands, Europas und weiterer Partner. Immer wieder wiederholt die Kanzlerin diese Formel mit anderen Worten. Doch diese Erklärung bemüht die Politik seit dem Jahr 2002.« Hier werden die Grenzen der vermeintlich offenen, demokratischen Gesellschaft sichtbar. Es ist unerheblich, wie viele Menschen auf die Straße gehen und protestieren – es wird durchregiert. Egal, wie viele Prozente bei einer Wahl verloren gehen: Man erklärt sich zum Sieger und behauptet, man habe den Schuss vor den Bug verstanden, wie etwa Westerwelle am Abend nach der Landtagswahl am 9. Mai 2010 vor den Kameras erklärte. Glaubt diese Rhetorik noch jemand? Vier von zehn Wahlberechtigten in NRW garantiert nicht, sonst wären sie nicht den Wahlurnen ferngeblieben. Denn das haben sehr viele Menschen inzwischen begriffen: Dieses Ritual ändert wenig bis nichts an ihrer Lebenssituation und an der Politik. Der Spruch ist gültig nach wie vor: Wenn Wahlen etwas ändern würden, hätte man sie schon längst abgeschafft.

Und deshalb braucht man Nebenkriegsschauplätze. Das öffentliche Geschrei soll die Aufmerksamkeit lenken. Nach dieser Methode arbeiten alle Illusionisten und Taschendiebe. Man merkt den Griff zur Brieftasche nicht, weil man durch etwas bewusst abgelenkt wird.

Die Jahrestags-Jubelpropaganda offenbart, das keineswegs nebenbei, die Seelenlosigkeit der bürgerlich-kapitalistischen Gesellschaft. Sie hat kein Geschichtsbewusstsein, was zugleich Verantwortungsbewusstsein bedeutet: Verantwortung gegenüber den Leistungen der untergegangenen Generationen, auf deren Schultern wir heute stehen, und Verantwortung für die kommenden Geschlechter. Dieses Gefühl verbietet nämlich die kurzsichtige Haltung »Nach uns die Sintflut«. Doch genau mit dieser wird produziert und Politik gemacht. Im Kampf um den aktuellen Maximalprofit, um die höchste Rendite, ist es ohne jeden Belang, was morgen sein wird. »Buy it, strip it, flip it« lautet das Motto, »kaufen, plündern, weg damit!« Das haben sich insbesondere die sogenannten Finanzinvestoren, diese Heuschrecken, auf ihre Fahnen geschrieben, die damit einen »Super-Return« anstreben, eine Verzinsung des Kapitals von 25 Prozent und mehr. Damit fielen sie zwar kurzzeitig auf die Nase, aber die ihnen hörigen Regierungen halfen ihnen mit Milliarden wieder auf die Beine. Es geht weiter. Ein Ende des Raubbaus an den menschlichen und an den Natur-Ressourcen ist nicht absehbar: Das liegt nun mal in der Natur dieser Gesellschaft.

Wie eine Metapher für die fehlende Verantwortung gegenüber der Vergangenheit, für die Geschichtslosigkeit dieses Systems, welche Geschichte allenfalls als eine politisch-zweckdienliche Marketing-Idee betrachtet, kann ein Vorfall in Mecklenburg-Vorpommern gelten.

Auf dem Territorium des Bundeslandes existierten bis 1990 die Bezirke Rostock, Schwerin und Neubrandenburg. Dort beschäftigte man sich zu DDR-Zeiten sehr intensiv mit der Bodendenkmalpflege. Insbesondere unter Ewald Schuldt, bis 1980 Chefarchäologe der drei Nordbezirke, wurden die Sammlungen systematisch ausgebaut. Auch mit Hilfe von Ehrenamtlichen hatte Dr. Schuldt (1914-1987) das Land regelrecht umgegraben und Hunderte von Fundstellen gesichert. Schuldt (SED), das nur in Paranthese, war nicht nur Direktor des Museums für Ur- und Frühgeschichte in Schwerin und viele Jahre Vorsitzender des Bezirksausschusses der Nationalen Front. Der bekannteste und erfolgreichste mecklenburgische Archäologe setzte überzeugend die wissenschaftliche Arbeit auf dem Gebiet der Ur- und Frühgeschichte fort, die 1835 von Georg Christian Frisch Lisch (1801-1883) begonnen und von Robert Beltz (1854-1942) fortgeführt worden war. Diese angeblich marode, kaputte, herzlose, diktatorische DDR sorgte also auch auf diesem speziellen Feld feinfühlig für Kontinutät. Mit der Prähistorie ließ sich weder die kommunistische Idee beweisen noch brachte sie Gewinn.

Die umsichtig zu DDR-Zeiten zusammengetragenen und gepflegten Sammlungen prähistorischen Fundstücke wurden 1992 aus dem Schweriner Schloss ausgelagert, weil der demokratisch gewählte Landtag Platz brauchte (welche Symbolik!). Mehrere Tausend Exponate kamen in zwei Bunker, wo es weder Strom, Heizung noch eine Belüftung gab. Dort waren sie rasch vergessen. 2010 »erinnerte« man sich plötzlich ihrer. Und stellte die Katastrophe fest. Die dendrochronologische Sammlung, quasi ein Archiv historischer Hölzer, mit dem sich Zeit und Umstände bestimmen lassen: unrettbar vergammelt und verfault. Die Steinobjekte: angegriffen, weil die Kartons, in denen sie verpackt waren, verschimmelten. Beim Verschimmeln entstehen nämlich Säuren, die in zwei Jahrzehnten selbst Granit angreifen. Ob etwa ein 4.000 Jahre alter Mühlstein oder frühe Ziegelformen die unsachgemäße Auslagerung überstanden haben, wird man sehen.

Dieser skandalöse Fall scheint exemplarisch, er führt auf überzeugende Weise vor Augen, dass diese Gesellschaft wirklich kein Verhältnis zur Geschichte hat. An solchen Stellen wird immer auf die fehlenden Mittel verwiesen. Die Entwicklung der »Stasi-Schnipselmaschine« wurde zehn Jahre lang finanziert, und um den Inhalt von etwa 16.000 Säcken geschredderter »Stasi-Unterlagen« (von Küchenplänen über Lehrbriefe bis hin zu Umlaufvorlagen) zu rekonstruieren, wird man etwa 30 Millionen Euro benötigen. Die wird die Aufarbeitungsindustrie garantiert bekommen.

Soll man sich darüber noch aufregen? Gerhard Beil, einst Außenhandelsminister der DDR, stellt sich in seinen Erinnerungen diese Frage auch. Warum noch darüber reden, warum die Angriffe auf die DDR, die es seit 20 Jahren nicht mehr gibt, zurückweisen? »Es ist die Pflicht meiner Generation, unser Wissen, unsere Erfahrung aufzubereiten, zu verallgemeinern und sie den uns Nachfolgenden weiterzugeben«, lautet seine Antwort. »Dass dabei mancher inzwischen müde geworden und anderes für ihn dringlicher geworden ist, verstehe ich. Da spielt auch das Gefühl mit hinein, dass man damit nichts bewirke. Das hat etwas von jenem Irrtum an sich, mit dem die DDR-Gründergeneration seinerzeit die Ärmel aufkrempelte. Sie war davon überzeugt, binnen einer Generation den Traum von einer gerechten Welt zu verwirklichen, in der der Mensch von Ausbeutung und Unterdrückung frei sei. Natürlich waren dabei Illusionen und Naivität mit im Spiele, der Wunsch eilte der Realität weit voraus. Aber wohin sich eine Gesellschaft entwickelt, wenn sie keine Visionen hat, erleben wir gegenwärtig. Wenn der Sachzwang regiert, bleibt den Regierenden nur noch das Krisenmanagement.«

Auch Beil setzt sich mit den Lügen auseinander, die über die DDR, den lebendigsten Untoten des letzten Jahrhunderts, ausgekippt werden. »Diese DDR war nicht pleite. Ihre Wirtschaft war nicht marode. Die Engpässe, der allgegenwärtige Mangel in der Versorgung, verärgerte mit Recht die DDR-Bürger, zumal sie täglich im Westfernsehen in der Werbung Produkte sahen, die sie zum Teil selbst hergestellt hatten, aber nicht im Laden zu kaufen bekamen. Hinzu kamen schlechte Erfahrungen im Umgang mit Behörden, eine unbefriedigende Informationspolitik und Erfahrungen mit der Obrigkeit, die mit ihrem ausgeprägten Gerechtigkeitsempfinden kollidierten. Das wird heute gern mit dem Klischee vom Demokratie-Defizit beschrieben.

Nein, die DDR-Bürger hatten ein sehr klares demokratisches Empfinden, weshalb sie ja auch verärgert waren und es auch artikulierten, wenn dies die Zuständigen nicht so hielten. Im übrigen erklärt dies ja den weitaus größeren Unmut im Osten über die aktuelle Politik, als er im Westen anzutreffen war und ist.

Über solche und andere Zusammenhänge müssen wir reden und schreiben. Denn es hat Zweck. Eine Gesellschaft ist ein lebender Organismus, nichts Statisches, auch wenn man es uns mit Basta oder verordneter Friedhofsruhe, mit Medienmacht, Pseudo-Dynamik, hochorganisiertem Lehrlauf und Staatszirkus glauben machen will.«

Beils Schlussfolgerung hat allgemeingültigen Charakter, weshalb sie auch am Ende dieser Publikation stehen soll.

»Die DDR als selbstständiger sozialistischer Staat konnte nur mit der Sowjetunion existieren. Man sagt, dass ein Staat mindestens 10 Millionen Menschen zählen und sichere Einnahmequellen – aus wirtschaftlicher Tätigkeit oder aus anderen Verrichtungen: Monaco z. B. lebt vom Casino und den Geldanlagen – haben muss, um leben zu können. Die DDR mit knapp siebzehn Millionen Bewohnern war dazu aus mehreren Gründen nicht in der Lage. Zu diesen Gründen gehörte die Last der Geschichte, der Kalte Krieg und die nationale Frage, aber eben auch das Faktum, dass der sozialistische Internationalismus mitunter zur Einbahnstraße geriet.

Wir sind nicht als DDR untergegangen, sondern als Teil eines Ganzen, das einem Sozialismusmodell folgte, welches sich in toto als nicht lebensfähig erwies.

Inzwischen sind wir alle klüger und wissen, woran es mangelte. Daher sehen wir auch die Gebrechen der jetzigen Gesellschaft schärfer. Oder wie der Schriftsteller Christoph Hein meint: ›In dem Moment, da die Wirtschaft runtergeht und die Arbeitslosenzahlen hochgehen, ist der Verweis auf einen Staat, in dem es keine Arbeitslosigkeit gab und große soziale Sicherheit herrschte, besonders fatal und muss heftig zurückgewiesen werden.‹ Und deshalb wird über die DDR, über die sozialistische Idee zunehmend schärfer hergezogen.

Natürlich macht es mich, bei aller Gelassenheit des Alters, die mir durchaus zugewachsen ist, unverändert wütend, wenn ich mir verdeutliche, dass wir eine einzigartige historische Chance, die uns in einem Teil der Welt mit dem kollektiven Sieg über das Hitlerreich gegeben war, derart jämmerlich verspielt haben. Sie wird *so* nicht wiederkommen. Will ich hoffen, denn der Krieg ist keineswegs verbannt und diese Option ist immer möglich. Entgegen anderslautenden Darstellungen, dies nur nebenbei, ist die Weltwirtschaftskrise 1929-32 nicht mit Roosevelts New Deal beendet worden, sondern durch den Zweiten Weltkrieg. Der Krieg ist im Kapitalismus immer noch das wirksamste Konjunkturprogramm. Und natürlich auch der Nachkrieg, wenn aufgeräumt werden muss und die Konsumenten wieder konsumieren wollen.

Nein, ich neige keineswegs dem Pessimismus zu. Ich glaube an die Vernunft und an den menschlichen Überlebenswillen, als Europäer bin ich ein Kind der Aufklärung. Ich bin von der Lebensfähigkeit der sozialistischen Idee unverändert überzeugt, selbst wenn es augenblicklich so ausschaut, als läge ihre Zukunft bereits hinter ihr. Die Alternative hat schon Rosa Luxemburg benannt: Sozialismus oder Barbarei.

Auch wenn derzeit das Mittelmaß in allen Länder regiert, wenn die Massen mehrheitlich geduldig den Herrschenden hinterhertrotten, weil sie der Mut und die Zivilcourage verlassen haben, muss und wird das nicht bis zum Ende aller Tage so sein. Die Entwicklung, so redeten wir uns ein, laufe gesetzmäßig und tendenziell nach oben. In der Tendenz vielleicht, aber nicht ohne Rückschläge, und schon gar nicht mechanisch und automatisch. Der Fortschritt mäandert mitunter, weil viele Faktoren daran beteiligt sind.«

Aber am Ende siegt er eben doch, und lässt Lügen und Lügner hinter sich zurück.

ISBN 978-3-360-01820-5

1. Auflage
© 2010 edition ost im Verlag Das Neue Berlin, Berlin

Umschlaggestaltung: Buchgut, Berlin
Druck und Bindung: CPI Moravia Books GmbH

Ein Verlagsverzeichnis schicken wir Ihnen gern:
Das Neue Berlin Verlagsgesellschaft mbH
Neue Grünstr. 18, 10179 Berlin
Tel. 01805/30 99 99
(0,14 Euro/Min., Mobil max. 0,42 Euro/Min.)

Die Bücher der edition ost und des Verlages Das Neue Berlin
erscheinen in der Eulenspiegel Verlagsgruppe

www.edition-ost.de